Élie Berthet

Der Küstenwächter

Élie Berthet

Der Küstenwächter

ISBN/EAN: 9783742898234

Hergestellt in Europa, USA, Kanada, Australien, Japan

Cover: Foto ©ninafisch / pixelio.de

Manufactured and distributed by brebook publishing software
(www.brebook.com)

Élie Berthet

Der Küstenwächter

Erstes Capitel.

Der Strand von Tréport.

Die von den Douanebeamten bei Cabillot angestellte Haussuchung hatte zu keinem Ergebniß geführt. Der alte Schmuggler war zu schlau, als daß er verdächtige Gegenstände in seinem Hause aufbewahrt hätte. Vergebens hatte man daher sein ganzes Magazin durchwühlt. Man hatte darin keine Spur von jenen prachtvollen Spitzen gefunden, welche aus der Douane von Duplessis mit so viel Glück und Kühnheit geraubt worden. Andererseits hatte es ihm in Folge der Warnungen, die ihm der Brigadier Martin unklugerweise ertheilt, keine Mühe gekostet, das Vertauschen seiner alten Ruder mit den neuen der englischen Barke zu erklären, und obschon dieser Umstand vielleicht ein wenig verdächtig aussah, so hatte man sich, wenn keine andere Beschuldigung gegen ihn vorlag, sich in dieser Beziehung nicht allzustreng zeigen wollen. Kurz, er war weiß wie der Schnee aus dieser Sache hervorgegangen und die Behörde hatte ihren Verdacht entschieden nach einer andern Seite hingelenkt.

Dennoch aber ging Cabillot am Abend desselben

Tages kurz nach Sonnenuntergang mit düsterer, träume
ischer Miene auf dem Quai von Tréport hin und h
Seine Fischerbarke war an einer der alten Kanonen l
festigt, die am Rande der Hafenbassins aufgepflanzt liege
und die wie gewöhnlich aus seinen beiden Söhnen u
seinen beiden Neffen bestehende Mannschaft traf ihre A
stalten, um mit der nächsten Flut aus dem Hafen
steuern. Die Einen brachten die Netze, die Anderen d
Segel in Ordnung, nahmen sich aber dabei Zeit, denn d
Stunde der Abfahrt war noch fern und nichts dräng
zur Eile.

Als daher der Patron sich ein wenig entfernte, ruh
man aus, plauderte leise oder rauchte, während Leona
sich traurig auf das Bugspriet setzte.

Cabillot hatte diese ungewohnte Trägheit der junge
Leute sehr wohl bemerkt, unter den gegenwärtigen Un
ständen aber wollte er, wenn es nicht unbedingt nöth
war, sie nicht weiter ausschelten. Er wachte blos darübe
daß zwischen ihnen und den anderen Fischern keine Conve
sation angeknüpft würde.

Uebrigens hatte man die Leiter, welche das Fische
boot mit dem Quai in Verbindung setzte, weggenomm
und die in der Nähe liegenden Barken waren nicht b
mannt. Cabillot, der sonach beruhigt war, fuhr daher fo
auf- und abzuspazieren, ohne sich weiter sehr um sei
Leute zu bekümmern.

Er war, wie wir schon bemerkt haben, selbst sehr unruh
und sein Geist besaß nicht die gewohnte Klarheit. Obscho
seit einigen Tagen alle seine Pläne gelungen waren,
konnte er sich doch nicht einer geheimen Angst erwehre

wenn er an das verabscheuungswürdige Verbrechen dachte, welches er in der vergangenen Nacht gemeinschaftlich mit seiner Familie begangen. Er empfand keine Gewissens= bisse, wohl aber jene unbestimmte unaufhörliche Furcht, welche sich der Verbrecher bemächtigt und sie überall Ver= räther oder Spione sehen läßt.

Selbst in diesem Augenblicke, wo er soeben einer Gefahr entgangen war, irrte er hin und her, sah sich vor= sichtig um und la██te fortwährend zitternd, daß irgend ein geringfügiger, unerwarteter Umstand sein furchtbares Geheimniß verrathe.

Endlich entfernte er sich von der Barke, ohne daran zu denken, und näherte sich dem Strande, wo sich zahlreiche Spaziergänger durch einander bewegten.

Der Wind war noch ziemlich stark, aber das Un= wetter war vorüber und außer dem weit draußen noch hochgehenden tosenden Meere erinnerte nichts mehr an die Unfälle der verwichenen Nacht.

Die ganze elegante Welt der Badegäste war am Ge= stade versammelt. Man beeilte sich jetzt noch, die frischen, belebenden Ausdünstungen des Meeres zu athmen, die später ein wenig zu eisig wurden.

Damen in Phantasietoilette bewegten sich auf dem Sande hin und her, Kinder spielten mit Rollsteinen und Muscheln; Raucher verriethen sich in den braunen Dünsten der Dämmerung durch das Glühen ihrer Cigarren. Man plauderte, man lachte.

Am äußersten Ende der Promenade verrieth ein gro= ßes Licht das Conversationshaus, wohin diese ganze ver= gnügungssüchtige Menge sich bald flüchten sollte. Schon

hörte man dann und wann die Klänge des Piano's, welch
sich mit dem immer deutlicheren und näherkommende
Murmeln der Flut verschmolzen.

Cabillot hütete sich wohl, sich in diese gewählte Ge
sellschaft zu mischen, welche seine mit Theer beschmutzte
Lumpen nur mit Ekel hätten erfüllen können. Er lehnt
sich daher an den mit Gras bewachsenen Wall der Batterie
welche den Eingang des Hafens beschützt, und betrachtet
mechanisch das lebensvolle Gemälde welches der Strand
darbot.

Es dauerte nicht lange, so gewahrte er nicht wei
von sich einen einfach gekleideten Herrn von distinguirte
Haltung, der sich ebenfalls nicht unter die Gesellschaf
mischen zu wollen schien. Der Unbekannte seinerseits be
obachtete Cabillot und näherte sich unmerklich, wie um ihn
anzureden.

In der Gemüthsstimmung, in welcher der Patro
sich jetzt befand, war Alles für ihn ein Grund zu Miß
trauen und er empfand ein außerordentliches Mißbehagen
als er dieses verdächtige Manöver bemerkte. Dennoch abe
rührte er sich nicht von der Stelle. Plötzlich sagte ein
wohlbekannte Stimme vorsichtig zu ihm:

»Ihr seid es, den ich suche, Patron Cabillot.«

Der geheimnißvolle Spaziergänger war René vo
Liftrac.

Cabillot war eben so überrascht als erschrocken, als e
seinen ehemaligen Passagier erkannte.

»Wie, Sie sind es, mein Herr? Meiner Treu, Si
hätte ich hier nicht erwartet.«

»Gesteht es, lieber Freund,« entgegnete Liftrac ir

tisch, „daß die Gendarmen, die Ihr mir diesen Morgen
geschickt habt, ihre Pflicht nicht gut erfüllt haben.“

„Ich hätte Ihnen Gendarmen geschickt? Was fällt
Ihnen ein? Dennoch will ich Ihnen sagen, daß der Brigadier eben erst sich auf dem Hafendamm herumtrieb, und
wenn Ihnen vielleicht daran liegt, ihm nicht in den Weg
zu kommen —“

„Ihr seid allzubesorgt, Freund. Nur Uebelthäter
haben die Gerechtig⬤t zu fürchten. Doch darum handelt
es sich jetzt nicht. Ich wollte Euch blos sprechen, um Euch
ernste Erklärungen in Bezug auf das Verschwinden dieses
unglücklichen Neufundländer abzuverlangen. Seine Mutter
zu täuschen ist Euch gelungen, mit mir aber kommt Ihr
so nicht durch. Ich bin überzeugt, daß Ihr auf irgend eine
Weise bei diesem furchtbaren Ereigniß die Hand mit im
Spiele gehabt habt. Gestern Abends, als er das Haus ver=
ließ, wollte er zu Euch gehen, um Euch den gegen die
Douane gerichteten Handstreich ausführen zu helfen. Seit
dieser Zeit ist er nicht wieder zum Vorschein gekommen
und man hat einige seiner Kleidungsstücke am Fuße der
Strandklippe gefunden. Was habt Ihr mit ihm gemacht?
Ich will es wissen und ich werde es wissen.“

Cabillot trat der kalte Schweiß auf die Stirn, den=
noch aber antwortete er in seinem gewöhnlichen rauhen
Tone:

„Hat sich denn alle Welt gegen mich verschworen,
um mich wegen dieses elenden Neufundländer bis aufs
Blut zu peinigen? Habe ich vielleicht weiter nichts zu thun,
als mich um ihn zu kümmern? Ich habe ihn nicht gesehen
und ich weiß nicht, was aus ihm geworden ist.“

„Damit kommt Ihr bei mir nicht fort, Patron. Ihr wollt doch nicht etwa läugnen, daß Ihr und eure jungen Leute die Urheber des Diebstahls in der Douane seid?"

„Nun, Ihnen gegenüber, der Sie ein verschwiegener Mann und gewissermaßen einer der Unseren sind, kann man es vielleicht gestehen, aber ich gebe Ihnen mein heiliges Ehrenwort, daß Neufundländer nichts damit zu schaffen gehabt hat."

Und um seine Behauptung glaubwürdiger zu machen, erzählte Cabillot kurz die Thatsache, aber wie man schon von selbst voraussetzen wird, ohne von den Ereignissen an der grünen Stiege zu sprechen. Listrac dachte einige Augenblicke nach.

„Es ist möglich, daß Ihr die Wahrheit sprecht," hob er endlich wieder an, „aber Ihr sagt nicht Alles. Ganz gewiß habt Ihr Neufundländer an der Küste gesehen. Als er mich verließ, schien er sehr aufgeregt zu sein und gestand mir, daß er an einer gefährlichen Expedition theilnehmen wollte. Wißt Ihr, was ich mir denke? Als Ihr mit dem Packet Spitzen aus der Douane fortgegangen seid, hat Euch der Unterbrigadier Maillard getroffen, der, tapfer und muthig wie er ist, nicht gezögert hat, Euch anzugreifen. Neufundländer ist herbeigeeilt, um ihn zu vertheidigen und in eurer Wuth habt Ihr sie beide in das Meer hinabgestürzt. — Redet, Cabillot, redet," fuhr er in leisem, dumpfem Tone fort, „ist es nicht so?"

Der Patron schauderte, als er Listrac der Wahrheit so nahe sah.

Nichtsdestoweniger verließ seine gewohnte Geistesgegenwart ihn auch jetzt noch nicht.

»Und Sie glauben, mein Herr,« sagte er mit erkün=
elter Ruhe, »daß wir, nachdem mir unſern Streich aus=
eführt, nach der grünen Stiege gegangen wären, wo, wie
lle Welt behauptet, das Unglück geſchehen iſt? Dann
ußten wir ja die Abſicht gehabt haben, die Zollwächter
nd ganz beſonders dieſen wüthenden Maillard ſelbſt auf=
ſuchen? Wäre es nicht viel klüger geweſen, ohne Verzug
as Binnenland zu gewinnen zu ſuchen, wo wir von den
ollofficianten nichts mehr zu fürchten gehabt hätten?
leberlegen Sie ſich doch die Sache ein wenig. Wie können
Sie glauben, daß wir ſo einfältig geweſen wären, eine
ſche Tölpelei zu begehen?«

Dieſer Beweisgrund war ein ſcheinbar ſchlagender
nd Liſtrac wußte nicht, wie er ihn widerlegen ſollte. Ca=
illot fühlte, daß er im Vortheil war.

»Ich weiß nicht,« fuhr er in gutmüthigem Tone fort,
warum Sie nicht der allgemeinen Meinung beitreten, welche
ie beſte iſt? Neufundländer war ein braver Junge, ſtets
ereit, Cameraden, die in Gefahr ſchweben, beizuſpringen,
nd ſeine Geſchicklichkeit als Schwimmer machte ihn drei=
ter als einen Andern. Er wird erfahren haben, daß ein
Schiff an der grünen Stiege dem Scheitern nahe war, und
r wird ſich beeilt haben, ſich dorthin zu begeben. Hier hat
r wahrſcheinlich Maillard getroffen, der auch ein Mann
on Muth war. Beide haben den Schiffbrüchigen zu Hilfe
ommen wollen und ſie haben dabei ihren Tod gefunden.
So läßt ſich die Sache, ſollte ich meinen, ſehr einfach er=
klären.«

In der That war auch Cabillot's Verſion die wahr=
ſcheinlichſte. Dennoch aber ließen ſich gewiſſe, Liſtrac be=

kannte Umstände dadurch nicht erklären, und er war deshalb auch nicht überzeugt.

»Patron,« hob er in strengem Tone wieder an, »ich wünsche in dieser ganzen Sache völlig klar zu sehen, und wenn sich der mindeste Verdacht gegen Euch herausstellt, so werde ich nicht zögern, zu offenbaren, was ich von Euch weiß.«

»Wie, mein Herr? Sie, den ich als einen Ehrenmann betrachtete, Sie, der Sie uns Ihr Wort gegeben haben, uns niemals zu verrathen, Sie wollten —«

»Ich habe Euch mein Wort gegeben, in Bezug auf euren Schleichhandel reinen Mund zu halten, aber ich würde zu sehr fürchten, euer Mitschuldiger zu werden, wenn ich auch in Bezug auf eure Diebstähle und Mordthaten schwiege. Mit Einem Worte, ich werde noch warten. Nach meiner Meinung ist es unmöglich, daß sich über diese unbegreifliche Katastrophe nicht bald einiges Licht verbreite. Man hat einen Theil der Kleider Maillard's und Neufundländer's aufgefunden. Wenn diese Unglücklichen wirklich umgekommen sind, so wird man ohne Zweifel auch ihre Leichen auffinden, und diese Entdeckung wird gewiß sehr wichtige Indicien liefern. Andererseits habe ich Grund zu glauben, daß das an der grünen Stiege in Gefahr gestandene Schiff sich noch gerettet hat. Ich habe soeben die von dem Meere ausgeworfenen Trümmer in Augenschein genommen. Es sind Theile des Takelwerks, Waarenkisten u. dgl., aber ich habe nicht ein einziges Stück Holz gesehen, welches bewiese, daß der Rumpf zerschellt ist. Wenn es diesem Schiffe gelungen ist, sich in einen benachbarten Hafen zu flüchten, wie ich vermuthe, so wird die Mannschaft vielleicht Kenntniß von dem Ereigniße haben, welches nicht weit von ihr hat stattfinden müssen. Ich werde also, sage ich nochmals, neue Aufschlüsse abwarten. Bis dahin werde ich Euch nicht aus den Augen verlieren und wenn Ihr schuldig seid, so schone ich Euch nicht, das schwöre ich Euch!«

Der Patron war wie vom Donner gerührt. Diese Wahrnehmungen hatte er schon selbst gemacht und sie waren eben die Ursache jener düsteren Unruhe, die ihn peinigte. In bescheidenem, demüthigem Tone antwortete er:

»Möge die Wahrheit an den Tag kommen — ich verlange nichts Anderes. Dennoch hoffe ich, mein Herr, Sie werden nicht arme Leute anklagen wollen, ohne Beweise zu haben. Warten Sie noch — Sie können uns das nicht verweigern — uns, die wir Ihnen so große Dienste geleistet haben.«

Listrac beantwortete dieses Verlangen durch eine zweideutige Geberde und entfernte sich langsam.

»Diesem Menschen darf man nicht Zeit lassen, sich mit unseren Angelegenheiten zu beschäftigen,« sagte Cabillot, als er wieder allein war, »und man muß Mittel finden, ihm mit den seinigen zu thun zu geben. Ah,« setzte er hinzu, indem er seinen Blick auf eine blaue, rothgalonnirte Uniform heftete, welche in dem Abenddunkel sichtbar ward, »da kommt mir gerade der rechte Mann in den Weg.«

Er schlich auf den Gendarmen zu, der unter der Menge auf Ruhe und Ordnung sah, und redete ihn leise an, indem er zugleich auf Listrac zeigte.

Der Gendarm, einer von denen, welche am Morgen

bei der Witwe Guignet gewesen, nahm diese Eröffnungen
sehr übel auf.

»Bekümmert Euch doch um Euch, alter Seehund,«
antwortete er ihm mürrisch. »Wollt Ihr vielleicht die
Polizei spielen? So viel ich weiß, werdet Ihr nicht dafür
bezahlt.«

»Aber ich sage Euch nochmals, es ist ein höchst ge=
fährlicher Mensch.«

»Ich kenne ihn besser, als Ihr. Laßt mich in Ruhe!«
Und der Gendarm kehrte ihm den Rücken.

Cabillot biß sich auf die Lippen.

»Es ist gut,« murmelte er. »Man sieht wohl, daß
es sich um einen reichen Mann handelt. Auf einen armen
Teufel wäre dieser Haltmichfest losgestürzt wie eine Henne
auf ein Hirsekorn. Wir werden aber sehen, ob er stets so
gutmüthig sein wird. Ich werde die vornehme Dame, un=
sre Kunde, in Kenntniß setzen. Sie kann nicht weit sein,
denn dort steht ihr Wagen, nicht weit von dem Fürsten=
pavillon.«

In der That erkannte der Patron sehr bald, mitten
unter den Promenirenden, Frau von Grandville, die sich
strahlend und triumphirend näherte. Sie war in jenen
Burnus von weißem Kaschemir drapirt, den wir schon
kennen, unter diesem aber ließ sie eine blendende Toilette
sehen, die sie für den Ball angelegt, der, wie alle Abende,
in den Salons des Casino's stattfinden sollte.

Sie war die einzige Frau mitten unter einer Gruppe
von Männern von verschiedenem Alter und Vermögen.
Alle aber waren elegant und distinguirt, und bildeten für
sie gewissermaßen ein Ehrengefolge.

Sie sprach mit lauter Stimme, und jedes ihrem spöttischen Munde entfallende Wort schien eine Perle zu sein, welche ihre Höflinge sich beeilten aufzuheben. Gehorsames Gelächter und enthusiastische Glückwünsche begrüßten jedes ihrer Epigramme.

So ging sie stolz und majestätisch wie eine Königin, und mehr als eine ehrliche Frau, welche sie von weitem betrachtete, beneidete im Stillen diesen Luxus, diese Eleganz und diese Triumphe, ohne zu bedenken, um welchen Preis sie erkauft waren.

Cabillot lenkte, durch seine haßerfüllten Leidenschaften angespornt, seine Schritte entschlossen nach Carolinen — es dauerte aber nicht lange, so ward sein Schritt langsamer und plötzlich blieb er stehen. Obschon seinem Berufe und seinem Charakter nach durchaus nicht schüchtern, empfand der alte Schmuggler doch eine tödtliche Verlegenheit, als er mit seinem plumpen, schmutzigen Aeußern im Begriffe stand, diese elegante Kokette und ihr Gefolge von Bewunderern anzureden.

Er stellte sich daher Frau von Grandville in den Weg, um im Vorbeigehen ein Wort an sie zu richten, zum ersten Male in seinem Leben aber wollte seine Zunge ihm nicht gehorchen und er konnte kein verständliches Wort hervorbringen. Zum Glücke ward die Sprache für ihn überflüssig.

Die stolze Caroline warf dem Patron einen zerstreuten Blick zu. Ohne Zweifel aber war sie in diesem Augenblicke nicht aufgelegt, diesen dem gemeinen Volke angehörenden Vertrauten zu erkennen, der nach Theer und Tabak roch, und sie wollte vorübergehen, ohne ihm auch nur einen Beweis von Aufmerksamkeit zu gewähren, als sie sah, wie Cabillot mit energischer Geberde auf einen nur wenig Schritte von ihr entfernten Spaziergänger deutete.

Es war Listrac, der in seine Betrachtungen versunken, sich mitten unter der Menge vergessen zu haben schien und so eben mit gesenkten Blicken und ganz gedankenvoll auf Frau von Grandville zukam — natürlich ohne sie zu sehen.

Caroline runzelte die Stirne, als ob Cabillot's Kühnheit sie beleidigte, kaum aber hatte sie den Spaziergänger erblickt, so stieß sie einen schwachen Schrei aus und blieb unbeweglich stehen.

Listrac richtete seinerseits den Kopf empor. Als er sich Frau von Grandville gegenüber sah, verneigte er sich, lächelte bitter und setzte seinen Weg mit demselben langsamen und gemessenen Schritte weiter fort.

Die sämmtlichen Elegants, welche Caroline escortirten, hatten eben so wie sie bei dem von ihr ausgestoßenen Schrei Halt gemacht, und schienen die Erklärung ihres Erschreckens zu erwarten. Aber sie war nicht im Stande zu sprechen. Bleich und keuchend folgte sie Listrac mit den Augen. Er war schon weit fort, als sie, indem sie mit dem Finger auf ihn zeigte, stammeln konnte:

„Er ist es! Ergreifen Sie ihn! Er ist es, sage ich Ihnen! Er wird entrinnen."

Ihre Begleiter begriffen aber nicht, was sie wollte und rührten sich nicht von der Stelle.

„Was gibt es denn, meine Gnädige?" fragte einer von ihnen, indem er sein schildkrötenes Lorgnon in das Auge klemmte.

»Sollte Jemand Sie beleidigt haben?« fragte ein Anderer.

»Ich will ihn schon kriegen!« rief Cabillot, der endlich seine Geistesgegenwart wiedergewann.

Kaum aber hatte er drei Schritte gethan, so prallte er an Jemanden an, der ihm den Weg versperrte.

Es war der vorhin erwähnte Gendarm.

»So nehmt Euch doch in Acht, alte Schiffsratte!« sagte der Gendarm ärgerlich. »Wollt Ihr vielleicht die Organe des Gesetzes insultiren? Wenn Ihr es so anfanget, werde ich Euch an einen Ort bringen, wo die Sonne euer Pergamentgesicht nicht mehr bescheinen soll.«

Cabillot argwohnte, daß der Gendarm nicht blos aus Zufall hier wäre und entfernte sich rasch, ohne daß er gewagt hätte, etwas zu entgegnen.

Listrac aber war verschwunden.

Es dauerte nicht lange, so sah der Patron die Nutzlosigkeit seiner Bemühungen ein und hörte auf zu laufen.

»Was nützt es auch,« sagte er; »wie dumm ich doch bin! Ist es nicht klar, daß mein ehemaliger Passagier sich jetzt mit der Justiz versteht und daß er im Stande wäre — Na, was ich seit langer Zeit voraussah, ist nun da, aber alle meine Vorsichtsmaßregeln sind getroffen und ehe ich den Rücken wende, soll man mich noch kennen lernen — das schwöre ich bei allen Teufeln!«

Er schlug eine andere Richtung ein und begab sich nach seiner Wohnung in der untern Stadt.

Die blödsinnige Wirthschafterin war schon zu Bett und vollständige Finsterniß herrschte im Hause. Dennoch

aber schien Cabillot keines Lichtes zu bedürfen, um zu
finden, was er zu suchen kam.

Er trat in das zweite Gemach, welches ihm als
Magazin diente, öffnete, vorsichtig tastend, eine colossale
Truhe mit doppeltem Schloß und häufte schwere und
sonore Gegenstände, die er daraus entnahm, in ein Stück
Leinwand. Aus diesen Gegenständen machte er ein um-
fangreiches Packet, welches er kaum auf seine starken
Schultern zu heben vermochte. In dem Augenblick, wo er
das Zimmer verlassen wollte, zögerte er und sein Blick
versuchte die ihn umgebende Finsterniß zu durchdringen.

»Es gibt noch hier viele Dinge, welche der Mühe des
Mitnehmens verlohnten, aber es ist vielleicht blos ein
blinder Lärm und wenn es möglich wäre, wiederzukommen — andrerseits würde Suzette nun ganz allein und ohne
Hilfsmittel sein — doch was da! sie kann Muscheln sammeln und übrigens sind die Leute in unserer Gegend sehr
wohlthätig.«

In Folge dieser philosophischen Betrachtung verließ
er ruhig das Haus, dessen Thür er hinter sich verschloß,
und kehrte mit seiner Bürde nach dem Quai zurück.

Als er den Hafen erreichte, war die Nacht schon sehr
finster und die ersten Wogen der eintretenden Flut drangen
in die Bassins. Cabillot näherte sich der Stelle, wo seine
Barke lag, und rief die Mannschaft an. Sofort ward eine
Leiter gegen die Wand des Quais gelehnt, und er konnte
in die Barke hinabsteigen.

Als er auf das Verdeck kam, schien er vor Ermüdung
ganz erschöpft und ließ seine Bürde fallen, welche einen
Metallton von sich gab.

»Na, Ihr Faulenzer, seid Ihr noch nicht weiter?«
sagte er, als er bemerkte, daß noch Vieles in Unordnung
war. »Die Flut steigt und noch ist nichts bereit? Tausend
Donnerwetter! macht Euch sofort an die Arbeit, oder ich
werde Euch mit einem Tauende dazu antreiben.«

Die jungen Männer rührten sich, um zu gehorchen.

Plötzlich rief Cabillot in furchtbarem Tone:

»Ihr seid ja nicht Alle da! — Es fehlt einer — Wo
ist Leonard? — Wo steckt dieser verwünschte Greiner?«

Niemand antwortete.

»Ich frage Euch,« hob Cabillot fluchend und mit
dem Fuße stampfend wieder an, »was Ihr mit diesem
Hund von Leonard gemacht habt? Er war ja soeben
noch da?«

»Vater, schlagt uns nicht,« antwortete Jean, der
älteste der Söhne, »wir können nichts dafür. Ich behielt
den Kleinen fortwährend im Auge, wie Ihr mir befohlen
hattet; während ich aber das Hintersegel spannte und
Leonard ruhig auf dem Bugspriet saß —«

»Na, wirst Du bald fertig werden, Dummkopf?«

»Ich wollte blos sagen, daß eben die Diligence von
Dieppe unten auf dem Platze ankam und die Reisenden aus-
stiegen. Ein junger Mann, der ein Seemann zu sein schien,
stieg ebenfalls mit aus und schien sich nach allen Seiten
hin umzusehen, als ob er nicht wüßte, wen er anreden
sollte. Endlich näherte er sich uns und sagte: »Heda, könnt
Ihr mir nicht sagen, wo die Witwe Guignet, die Mutter
des Louis Guignet, wohnt, den man Neufundländer
nennt?« — Wir waren ganz verdutzt, Leonard aber,
welcher bis jetzt gethan hatte, als schliefe er, sprang mit

einem Satze auf und fragte: »Freund, der Ihr fragt, bringt Ihr der Mutter Guignet vielleicht Nachricht von ihrem Sohne?« — »Das wäre allerdings möglich!« antwortete der junge Mann. — Nun ward Leonard plötzlich wie närrisch. Er sprang auf den Quai hinauf und eilte auf den kleinen Seemann zu, der ihn erwartete. Ich rief Leonard zu; ich sagte ihm, ich schlüge ihm das Rückgrat ein, wenn er nicht sogleich wiederkäme, Ihr würdet wüthend auf ihn sein — aber er hörte nicht auf mich, sondern ging mit dem Andern fort.«

»Und Ihr seid ihm nicht nachgelaufen — Ihr habt ihn nicht mit Gewalt zurückgeführt?«

»Es verging einige Zeit, ehe man die Leiter aufrichten konnte und als ich auf die Chaussée kam, waren die beiden Bürschchen schon ein ganzes Stück weit fort.«

»Und warum bist Du ihnen nicht nachgelaufen?«

»So höret doch, Vater; Ihr hattet uns ausdrücklich verboten, die Barke zu verlassen und da —«

Cabillot stieß einen fürchterlichen Fluch aus.

»Ihr macht nichts als dumme Streiche,« rief er mit verhaltener Wuth. »Ich muß selbst sehen, oder wir sind verloren!«

Er beeilte sich, das kostbare Packet, welches er mitgebracht, in eine Abtheilung der Barke zu schieben und verschloß die Oeffnung, trotz der Dringlichkeit der Umstände, mit großer Sorgfalt. In dem Augenblick, wo er den Fuß auf die Leiter setzte, sagte er in kurzem Tone:

»Ihr werdet die Barke losmachen und Euch bereit halten, ins offene Meer hinauszusteuern, sobald das Wasser hoch genug gestiegen sein wird. Ich verbiete Euch von der Stelle zu gehen oder unter einander zu plaudern, bis ich wiederkomme. Wenn Jemand an Bord steigen will, so empfangt ihn mit Ruderhieben — habt Ihr mich verstanden? Wehe dem, der die mindeste Unklugheit begeht — es gilt unser Aller Leben.«

Und er ging fort, während die jungen Leute über die Strenge dieser Instruction erschraken, welche drohende Gefahren verrieth.

Cabillot durchmaß mit großen Schritten die Quais, den Hafendamm, den Strand und den größern Theil der unteren Stadtviertel, aber er gewahrte weder seinen Sohn noch den jungen Matrosen, mit welchem Leonard sich entfernt hatte. In der Meinung, daß sie schon bei der Mutter Guignet sein könnten, eilte er dahin, möchte nun geschehen, was da wolle.

Das Haus war aber finster und schweigsam. Niemand antwortete dem Patron, als er anpochte, und eine gefällige Nachbarin theilte ihm mit, daß die Witwe ausgegangen sei. Cabillot wartete dennoch einige Minuten, denn er hoffte, Leonard und den unbekannten Matrosen ankommen zu sehen. Sein Warten war aber vergebens.

»Es wäre unklug, hier noch länger zu frieren,« murmelte er. »Ich wette, daß man schon mit Maßregeln gegen uns umgeht. Machen wir, daß wir fortkommen, denn es ist Zeit! — Dieser nichtswürdige Bengel von Leonard! Obschon er mein Sohn ist, würde ich doch, wenn ich mit ihm auf offener See wäre —«

Er begab sich nun schleunigst nach dem Hafen zurück, als er unterwegs sich plötzlich dem Brigadier Martin gegenüber sah, den die großen Ereignisse des Tages in die Stadt zurückgeführt hatten.

»Zum Teufel, das ist ein guter Wind, der Euch in diesem Augenblick mir in's Fahrwasser treibt,« sagte er mit einem eigenthümlichen Ausdruck von Haß und Scherz. »Ich will Euch, Brigadier, für den Dienst belohnen, den Ihr mir diesen Morgen dadurch leistetet, daß Ihr mich von den dummen Beschuldigungen in Kenntniß setztet, die man gegen mich erhoben, und Ihr werdet von meinen Mittheilungen beliebigen Gebrauch machen. Höret daher, was aus den in der Douane gestohlenen Spitzen geworden ist. Ein Theil davon befindet sich bei dem schmutzigen Kerl, dem Couturier, der in dem Gemach hinter seinem Laden einen durch das Wandgetäfel verborgenen Schrank hat; der zweite ist schon in den Händen der hochmüthigen Frau von Grandville in dem Schlosse Duplessis und ein dritter endlich muß bei Jeanne Rupert, der Nichte des großen Maillard, zu finden sein. Ihr waret kein Freund von Maillard, Vater Martin, und Ihr hattet Recht, denn er trieb Schmuggelhandel oder ließ wenigstens seine Nichte dessen treiben — ich sage weiter nichts — suchet sorgfältig bei den Personen, die ich Euch genannt habe, und Ihr werdet ohne Zweifel finden. Indessen, noch ein Wort. Durchsuchet auch das obere Zimmer im Hause der Mutter Guignet und erkundigt Euch nach der Person, welche es bewohnt. Jetzt geht und der Teufel gebe Euch das Geleite.«

Und nachdem er dies gesagt, setzte er seinen Weg eiligst weiter fort.

Martin, dessen Verstand ebenso dick war als sein

Körper, hatte anfangs Mühe, die Tragweite dieser ver=
traulichen Mittheilungen zu begreifen, als er aber den Pa=
tron so rasch davonlaufen sah, rief er ihn schleunigst
zurück.

»So höret mich doch, Vater Cabillot,« rief er; »Ihr
sagt mir da schöne Dinge! Ich bitte Euch aber, mir zu er=
klären —«

Cabillot lief aber immer weiter. Martin wollte ihm
folgen, aber bei der Schwerfälligkeit seiner Bewegungen
verlor er ihn sehr bald aus den Augen.

»Ich weiß nicht, ob der alte Halunke mich hat zum
Besten haben wollen,« rief er, »aber dennoch verdient dies
ernste Erwägung. Die Dame des Schlosses steht also mit
den Schmugglern unter einer Decke! Ferner auch Mail=
lard's Nichte — vielleicht Maillard selbst — Nun wird
man sehen, ob es aus Eifersucht geschah, wenn ich zuwei=
len zum Nachtheil des Unterbrigadiers sprach. Wirklich,
es ist dies eine Sache, die mir mehr zur Ehre gereichen
wird, als jene Landung der Engländer, an die Niemand
glauben wollte. Ich gehe sofort, um die Sache meinen
Chefs zu erzählen.«

Und er lenkte seine Schritte nach der Douane der
Stadt.

Cabillot seinerseits erreichte seine Barke, die soeben
flott zu werden begann. Er schwang sich mit außerordent=
licher Rüstigkeit auf das Verdeck.

»Vorwärts, Kinder, laßt uns rasch die offene See
gewinnen!« sagte er in leisem, aber energischem Tone. »In
zehn Minuten müssen wir schon weit sein. Wenn man uns

anruft, so antwortet nicht — seid blos auf eure Arbeit be=
dacht — vorwärts!«

»Aber, Patron,« fragte einer seiner Neffen, »wollen
wir nicht auf Leonard warten?«

Ein Faustschlag warf den Frager zu Boden.

»Da hast Du eins,« sagte Cabillot, »und eben so soll
es Jedem gehen, der den Namen dieses Hundes nennen
wird. — Vorwärts, sage ich Dir!«

Niemand wagte noch ein Wort zu äußern, und die
Barke glitt im Schatten nach dem Ausgange des Hafens.

Kehren wir jetzt zu Frau von Grandville zurück.

Schreck, Demüthigung und Zorn hielten sie an die
Stelle gefesselt, wo sie stand, und sie beantwortete kaum
mit wenigen Sylben die Fragen der Herren, die sie um=
gaben. Erst als Listrac sich entfernt hatte und sie sah, daß
Cabillot ihn verfolgte, erholte sie sich ein wenig.

»Dieser Mensch ist mein tödtlichster Feind,« sagte sie
deutlich. »Meine Herren, verlassen Sie mich nicht, schützen
Sie mich — wenn er wiederkäme!«

»Aber von wem sprechen Sie denn? Ich habe ja
Niemanden gesehen?«

»Ich auch nicht.«

»Und ich auch nicht.«

»Meine Herren,« hob Caroline mit Aufregung wie=
der an, »ich muß augenblicklich mit Herrn R*** sprechen.
Hat vielleicht einer von Ihnen ihn im Casino gesehen?«

Herr R*** war die erste Magistratsperson der
Stadt Eu und Caroline hatte, wie man sich erinnern wird,
schon Schutz und Hilfe von ihm verlangt.

»Soeben sah ich Herrn R*** vor dem Lesesalon

fitzen,« sagte einer der Anwesenden, ein großer, schöner junger Mann mit in die Höhe gedrehtem Schnurrbart.

»Wohlan, Herr von Beausset, geben Sie mir Ihren Arm,« hob Caroline in lebhaftem Tone wieder an, »und haben Sie die Güte, mich zu Herrn R*** zu führen. Was Sie betrifft, meine Herren, so werden wir uns auf dem Balle wiedersehen.«

Sie verneigte sich zerstreut, nahm den Arm des großen jungen Mannes, der auf diese Bevorzugung nicht wenig stolz zu sein schien, und führte ihn mit sich fort.

In der That fand sie Herrn R*** am Strande sitzend und im Gespräch mit einem Manne in einem langen Ueberrock und mit einem breitkrämpigen Hute. Dieser Mann drehte sich, als er Caroline erblickte, rasch herum und entfernte sich wie aus Discretion. Was Frau von Grandville betraf, so verabschiedete sie ihren Cavalier ohne große Ceremonie, nahm auf dem leergewordenen Sitze Platz und begann leise mit dem Magistratsbeamten zu sprechen.

Diesmal aber hörte Herr R*** sie mit unverkennbarer Kälte an.

»Wenn ich nicht irre, Madame,« sagte er endlich mit einem Anflug von Spott, »so thun Sie sehr unrecht daran, wenn Sie sich beklagen. Dieser Herr von Listrac hat Sie weder beleidigt, noch bedroht! Er hat sich gegen Sie durchaus keine Gewaltthätigkeit erlaubt. Sie geben selbst zu, daß er Sie mit Höflichkeit begrüßt habe; was machen Sie ihm denn dann zum Vorwurf?«

»Er grüßte mich blos, um mir zu troßen, und wenn ich nicht von so zahlreicher Begleitung umgeben gewesen

wäre, so hätte ich sicherlich von diesem Elenden Alles zu
fürchten gehabt. Uebrigens vergessen Sie, mein Herr, daß
er schon des Mordes überführt ist und daß Ihre Pflicht
Ihnen die Verbindlichkeit auflegt —«

»Mit Ihrer Erlaubniß, Madame,« unterbrach sie
der Beamte trocken, »mich braucht Niemand an meine
Pflicht zu erinnern. Was Herrn von Listrac betrifft, so ist
die Justizbehörde bereits mit der gegen ihn vorliegenden
Anklage beschäftigt und es kommt Niemanden zu, sich in
ihr Verfahren zu mischen.«

Caroline ward durch diese officielle Sprache, welche
jetzt ihr gegenüber an die Stelle der Sprache der Galan-
terie trat, nicht wenig verletzt. Sie erhob sich rasch.

»Es ist gut, mein Herr,« entgegnete sie, nur mit
Mühe Thränen der Wuth zurückhaltend. »Ohne Zweifel
beginnen Sie der Gefälligkeiten gegen mich müde zu werden. Zum Glück wird es mir vielleicht nicht schwer
werden, Gönner und Schützer meiner Ruhe zu finden, die
sich eifriger und zuverlässiger beweisen als Sie, mein Herr.
Auf diese gedenke ich fortan zu zählen. — Leben Sie wohl,
mein Herr, tausend Dank.«

Sie verneigte sich leicht und trat in die Salons des
Casino's, wo das bewundernde Murmeln der Frauen und
die Aufmerksamkeit der ihr entgegenkommenden Herren ohne
Zweifel sehr bald den peinlichen Eindruck verwischten, den
diese kurze Unterredung in ihr zurückgelassen hatte.

Sobald sie fort war, kam der Herr, welcher sich bei
ihrer Annäherung plötzlich entfernt hatte, lächelnd wieder
zu Herrn R*** zurück. Es war Herr von P***. Die
beiden Beamten nahmen die unterbrochene Unterhaltung

wieder auf, indem sie dabei am Strande des brausenden Meeres aufundabgingen.

Sie suchten mit einander das Mittel, eine Schwierig= keit zu umgehen, und dieses Mittel fand sich nicht. Ein wenig entmuthigt wollten sie sich schon trennen, als der Marinecommissär sich Herrn R*** näherte und ihm meldete, daß er in einer Dienstesangelegenheit mit ihm zu sprechen habe.

Der Commissär hatte soeben von dem Douanebeamten die von Cabillot dem Brigadier Martin gemachten Ge= ständnisse erfahren und da dieselben die Justizbehörde eben so interessirten wie die Administration der Douane, so hatte er sich beeilt, Herrn R*** davon in Kenntniß zu setzen.

Herr von P*** gehörte einem zu hohen Stande an, als daß er sich zu dergleichen Einzelnheiten hätte herablassen sollen, und wollte sich daher entfernen. Der andere Beamte hielt ihn aber zurück.

»Einen Augenblick, mein Herr,« sagte er, lächelnd zu ihm, »es handelt sich um Personen von Ihrer Bekannt= schaft.«

Und er theilte ihm die gegen Frau von Grandville vorliegende Beschuldigung mit.

Herr von P*** schlug sich vor die Stirne.

»Eureka! Ich habe gefunden, was ich suchte!« rief er in freudigem Tone. »Nun weiß ich, wie wir einen dem Hause des armen alten Generals von Sergey nachtheiligen Scandal umgehen können — hören Sie mich, meine Herren.«

Und er theilte ihnen den von ihm entworfenen Plan mit.

Zweites Capitel.

Das Spitzenkleid.

Gegen Sonnenuntergang hatte die Witwe Guignet sich auf den Weg nach dem Dorfe Duplessis gemacht, wo Frau Rupert und ihre Tochter Jeanne wohnten. Obschon sie, wie wir bereits gesagt, niemals eine sehr lebhafte Sympathie für die Schwester und die Nichte des Küsten= wächters empfunden, suchte sie dieselben doch jetzt in Folge eines gewissen Instinctes auf, denn sie wußte, daß sie eben so unglücklich und der Verzweiflung eben so nahe waren als sie selbst.

Sie traf die beiden Frauenzimmer allein in ihrem kleinen, mit Stroh gedeckten Hause. Nicht als ob hier eben so wie bei ihr die Tröster und Trösterinnen während des vorigen Tages gefehlt hätten und man sah noch die im Kreise um den Heerd herumstehenden Stühle. Aber Alle hatten sich jetzt wieder entfernt und es schien, als ob die so schwer Heimgesuchten bis zum nächstfolgenden Morgen nicht weiter gestört werden sollten.

Ein Talglicht beleuchtete diese schlichte und bescheidene, aber ungemein saubere Häuslichkeit. Mutter und Tochter arbeiteten an einer Nähterei, deren Frische und Kostbarkeit zu der Aermlichkeit der Wohnung einen auffallenden Gegen= satz bildete. Jeanne saß halb angekleidet auf ihrem Bett.

Auf ihren Wangen brannte die Fieberglut, ihre Augen waren verstört und schweigend handhabte sie mit krampfhafter Thätigkeit die Nadel und die Schere.

Ihre Mutter hatte ihr gegenüber auf einem Strohstuhle Platz genommen, entwickelte aber bei der Arbeit nicht den gleichen Eifer wie ihre Tochter. Ihr unruhiger Blick richtete sich häufiger auf Jeanne selbst als auf die über ihre Kniee ausgebreitet liegende Gaze.

Es mußte ein dringender Beweggrund vorhanden sein, der diese beiden armen Geschöpfe bestimmt hatte, ihre Beschäftigungen wieder aufzunehmen, während sie noch von der Wucht einer furchtbaren Katastrophe niedergedrückt waren.

Als die Witwe Guignet die Thür öffnete, erhob sich Frau Rupert mit erschrockener Miene und ging ihr einige Schritte entgegen.

Als sie jedoch Neufundländer's Mutter erkannte, beruhigte sie sich wieder und sagte in sanftem Tone zu ihr:

»Ah, seid Ihr es, Mutter Guignet? Es wäre mir unerwünscht gewesen, wenn Jemand anders als Ihr gesehen hätte, woran wir, meine Tochter und ich, arbeiten; aber kommt nur herein — kommt nur herein — Ihr seid stets willkommen.«

Mutter Guignet antwortete in ihrer rauhen Einfachheit:

»Meine Nachbarinnen machten mir den Kopf zu warm — ich konnte ihr Geschwätz nicht mehr mit anhören. Hier weint man wenigstens aufrichtig, weil man 'vollen Grund dazu hat, und deßwegen bin ich eben gekommen.«

Sie setzte sich auf einen Schämel.

»Frau Rupert,« fragte sie nach kurzem Schweigen »habt Ihr wieder etwas erfahren?«

»Nein — und Ihr?«

»Auch nichts.«

Sie schwiegen abermals.

Frau Rupert hatte wieder ihren Platz eingenommen und Jeanne führte ihre Nadel wie mit einem gewissen Grade von Wuth. Die Aufmerksamkeit der Mutter Guignet richtete sich endlich auf die Arbeit der Mutter und Tochter.

»Was zum Teufel macht Ihr denn da?« hob sie in ihrem rauhen Tone wieder an. »Ein weißes Musselinkleid mit Spitzen besetzt! Wollt Ihr vielleicht zur Hochzeit gehen?«

»Zur Hochzeit!« wiederholte Frau Rupert, deren Thränen bei diesem Wort wieder reichlich zu fließen begannen.

Es dauerte nicht lange, so hob sie, indem sie sich geheimnißvoll gegen die Witwe neigte, wieder an:

»Dieses Kleid ist für die Notre-Dame-Kirche in Tréport bestimmt. Jeanne hat es der heiligen Jungfrau geweiht, damit diese vielleicht bewirke, daß die Personen, die wir beweinen, wieder zu uns kommen.«

»Daß sie wiederkommen!« rief die Witwe Guignet, deren rauhe Stimme durch ihre Gemüthsstimmung doch verändert ward. »Glaubt Ihr wirklich, daß sie jemals wiederkommen?«

Nach einer Pause fuhr sie in ihrem gewöhnlichen Tone fort:

»Sie werden nicht wiederkommen und Ihr werdet euer Kleid umsonst geopfert haben. Kann die heilige

Jungfrau wohl die auf dem Boden des Meeres liegenden
Ertrunkenen wieder unter die Lebenden zurückschicken? Be=
haltet lieber diesen schönen Firlefanz, wenn ich Euch rathen
soll. Ihr habt da sehr schönen Musselin, aus dem man
mehr als eine Sonntagshaube schneiden könnte, und was
die Spitzen betrifft — mein Himmel, wo habt Ihr denn
diese kostbaren Spitzen her?«

»Ich glaube, meine Tochter hat sie von der Douane,«
entgegnete Frau Rupert verlegen. »Doch still,« setzte sie
leiser hinzu, »Alles, was Ihr sagen könntet, habe ich dieser
armen Jeanne schon gesagt, aber vergebens. Der Arzt hat
verboten, ihr zu widersprechen, denn es fehlt ihr hier —«

Sie gab durch eine Geberde zu verstehen, daß ihre
Tochter nicht recht richtig im Kopfe sei.

»Es ist nur zu wahr; die Schläge dieses furchtbaren
Tages haben ihren Verstand verwirrt. Jetzt ist sie ruhig,
aber sie ist einmal von einer fixen Idee besessen und es
wäre gefährlich, ihr zu widersprechen. Wie ich Euch schon
gesagt habe, der Arzt war heute Abend da — das gute
Fräulein vom Schlosse hatte ihn geschickt. Er hofft, daß
die Geistesstörung eine nur vorübergehende sein werde,
aber er empfiehlt ausdrücklich, dem unglücklichen Kinde in
allen Grillen, mögen sie sein von welcher Art sie wollen,
den Willen zu lassen und deshalb beschäftige ich mich eben
mit dieser Arbeit, während ich weit lieber mit ganz anderen
Dingen zu thun haben möchte.«

Thränen und Schluchzen schnitten ihr das Wort ab.

Mutter Guignet beobachtete Jeanne, die nichts zu
hören schien, sondern fortfuhr zuzuschneiden und zu nä=
hen. Vielleicht in der Absicht, um sich von dem Grade der

Geistesstörung des armen Mädchens zu überzeugen, sagte
sie in etwas linkischer Freundlichkeit zu ihr:

»Ei, liebes Kind, glaubst Du wirklich, daß, wenn Du
dieses Kleid der Notre=Dame=Kirche in Tréport schenkst,
die heilige Jungfrau Dich deinen Onkel Maillard wieder-
finden lassen werde?«

»Ja, das weiß ich gewiß,« antwortete sie.

»Und meinen Sohn Louis auch?«

»Ja, ja, meinen Onkel Maillard und meinen lieben
Louis. Die heilige Jungfrau wird sie uns Beide wieder
geben.«

»Ach, so etwas ist noch niemals geschehen.«

»Im Gegentheile, es ist wohl hundertmal geschehen.
Sehet doch die Weihgeschenke, welche in der Kirche der
Abtei hängen! Sie dienen zur Erinnerung an die Seeleute,
welche die Jungfrau aus den großen Gefahren gerettet
und zum Glücke ihrer Frauen oder ihrer Schwestern
wieder in die Heimat zurückgeführt hat. Höret mich
an, Mutter, und auch Ihr, Frau Guignet,« fuhr sie in
zuversichtlichem Tone fort, »gebt nicht die Hoffnung auf;
es ist noch nichts verloren! Ich werde barfuß nach der
Capelle des heiligen Laurentius wallfahrten, die, wie Ihr
wißt, da drüben auf dem Berge der Stadt Eu gegenüber-
steht, und dann werde ich in die Abtei zurückkehren, um
die heilige Jungfrau mit ihrem Gewande zu bekleiden.
Wenn ich mein Gelübde erfüllt haben und mich umdrehen
werde, dann werden mein Onkel und Louis am Fuße des
Altars vor mir stehen.«

Diese Worte wurden mit einem außerordentlichen

Enthusiasmus und mit hinreißender Ueberzeugung ge=
sprochen.

»Da sehet Ihr's!« sagte Frau Rupert. »Mein Gott,
wenn nur dieses Irrsein nicht lange dauert!«

Mutter Guignet schien nicht so fest überzeugt zu sein,
daß nur der Wahnsinn aus der Verlobten ihres Sohnes
spräche. Sie verhielt sich einen Augenblick lang nach=
denklich.

»Nachbarinnen,« hob sie plötzlich an, »könnte ich Euch
nicht ein wenig diese Bänder und diese Spitzen nähen hel=
fen? — Wir wollen es versuchen! Wenn es nichts nützt,
so wird es doch auch keinesfalls etwas schaden.«

Und sie machte sich an die Arbeit wie die Anderen.

So verging ein Theil des Abends. Die Rupert und
die Guignet wechselten einige seltene Worte. Was Jeanne
betraf, so war diese in ihre hartnäckige Schweigsamkeit
zurückverfallen.

Die Arbeit hatte ihren Fortgang, als plötzlich an
die Thür gepocht ward. Die beiden Frauen hielten in ih=
rer Arbeit inne und sahen einander an, wie um sich zu
fragen, wer wohl so spät kommen könne?

Ehe sie aber noch einen Entschluß fassen konnten,
öffnete sich die Thür und Leonard Cabillot und der junge
Matrose von Dieppe traten in das Haus.

Der Unbekannte hielt sich, die Mütze in der Hand,
schüchtern im Schatten, Leonard aber, der in Folge des
Zwanges, den sein schrecklicher Vater auf ihn ausübte, sich
gewöhnlich kalt und zurückhaltend zeigte, fühlte in diesem
Augenblicke eine heftige Aufregung.

Er war bleich und außer Athem, und seine Augen

funkelten von ungewohntem Glanze. Bei dem Anblicke der
Witwe Guignet und der Frau Rupert rief er ungestüm:
»Ich wußte wohl, daß wir sie alle hier finden würden.
Wohlan, meine lieben Frauen, freuet Euch, ich bringe
frohe Nachrichten! Neufundländer und der lange Maillard
sind nicht todt. Sie sind durch den »Saint=Charles«, jene
Brigg, gerettet worden, welche beinahe selbst an der grü=
nen Stiege gescheitert wäre. Sie sind jetzt in Dieppe
in Sicherheit, obschon Beide ein wenig krank, aber Ihr
werdet sie bald wieder sehen, und hier ist der Schiffs=
junge vom »Saint=Charles«, ein wackerer Bursche, der in
ihrem Namen kommt, um Euch zu beruhigen.«

Allerdings hätten diese guten Nachrichten den armen
Betrübten mit etwas mehr Behutsamkeit mitgetheilt wer=
den können, der Sprecher aber schien so glücklich und stolz
darauf, der Ueberbringer zu sein, daß man ihm seine un=
kluge Uebereilung wohl verzeihen mußte.

Jeanne verhielt sich unbeweglich, was aber die beiden
Mütter betraf, so hatten Leonards Worte verschiedene
Wirkungen auf sie geäußert.

Frau Rupert war beinahe ohnmächtig auf einen
Stuhl niedergesunken, während Mutter Guignet, anfangs
ganz verdutzt, plötzlich mit einem Satze auf Leonard zu=
sprang, ihn beim Kragen packte, mit unwiderstehlicher
Gewalt schüttelte und in rauhem Tone sagte: »Bist Du
nicht der Sohn jenes abscheulichen Schurken von Cabillot?
Hat dein Bösewicht von Vater Dich nicht beauftragt, diese
Lüge zu verbreiten, um irgend eine seiner geheimen Schänd=
lichkeiten zu unterstützen? Wenn ich das glaubte, so solltest
Du nicht lebendig aus meinen Händen kommen, siehst Du!

Ich zerschlüge Dir die Knochen — ich drehte Dir den Hals um — ich —«

»Aber Ihr erwürgt mich ja schon so!« rief Leonard, sich wehrend. »Laßt mich los, Mutter Guignet, laßt mich doch los, Morbleu! — Ich habe ja blos die Wahrheit gesagt. Wenn Ihr daran zweifelt, so könnt Ihr hier den Schiffsjungen vom »Saint-Charles« befragen, er wird Euch die Sache mit der größten Ausführlichkeit erzählen.«

Mit einem kräftigen Ruck riß er sich los. Mutter Guignet ging sodann auf den Schiffsjungen zu, musterte ihn mit durchbohrendem Blick und sagte zu ihm:

»Du bist jung — Du hast ein ehrliches Gesicht — Du wirst mich nicht betrügen wollen — ich wollte wetten, Kleiner, daß Du deine Mutter noch hast.«

»Allerdings habe ich meine Mutter noch, und zwar eine gute Mutter!« entgegnete der Schiffsjunge, dessen Gesicht sich verklärte. »Ich werde sie in Dünkirchen wieder sehen und mich sehr freuen.«

»Nun, so antworte mir, wie Du deiner Mutter antworten würdest. Ueberlege Dir die Sache wohl und lüge nicht! Ist es wahr, daß mein Sohn Louis noch lebt?«

»Ohne Zweifel, und der Capitän schickt mich eben, um Euch zu melden, daß Herr Louis und der Küstenwächter Maillard noch am Leben sind. Herr Louis ist ein sehr wackerer junger Mann. Er hat uns zweimal gerettet — erstens als er den »Saint-Charles« mitten durch die Klippen dieser Küste hindurchsteuerte, und dann, indem er in's Meer sprang, um ein Leck zu verstopfen, welches in dem Kiele des Schiffes entstanden war. Mein Capitän und die ganze Mannschaft würden sich für ihn in Stücke hauen laſſen und ich, ich liebe ihn — ich liebe ihn wie einen Bruder.«

Gleichzeitig begann er die Umſtände zu erzählen, welche wir ſchon kennen, und vervollſtändigte ſie durch den Bericht über die ſpäteren Ereigniſſe.

Um die Sache kurz zu machen, wollen wir blos ſagen, daß Neufundländers Verſuch, das Leck zu verſtopfen, vollkommen gelungen war. Dank dieſer Aufopferung hatte der »Saint-Charles« den Hafen von Dieppe erreichen kön= nen, wo man gegenwärtig mit ſeiner Ausbeſſerung beſchäf= tigt war. Was Neufundländer und Maillard betraf, die noch mit den Folgen der überſtandenen Gefahren zu käm= pfen hatten, ſo befanden ſie ſich in Dieppe, wo der Capi= tän, um ihnen ſeine Dankbarkeit zu beweiſen, ſie vollſtän= dig verpflegen ließ. Sie gedachten indeſſen recht bald wie= der nach Tréport zurückkehren zu können und hatten mitt= lerweile den Schiffsjungen des Capitäns geſchickt, um ihre Familien, deren tödtliche Angſt ſie erriethen, zu beruhigen.

Dennoch aber ſprach der Schiffsjunge nicht von der Art und Weiſe, auf welche beide in das Meer geſtürzt waren, ſei es nun, daß er in dieſer Beziehung nichts wußte, ſei es, daß er ausdrücklichen Befehl erhalten hatte, darauf weiter nicht anzuſpielen.

Er ſchien wirklich zu glauben, ſie ſeien auf den »Saint- Charles« einzig und allein in der Abſicht gekommen, den Schiffbrüchigen Hilfe zu bringen, und dieſer verſtellte oder wirkliche Glaube war Leonard Cabillot, der die Folgen einer vollſtändigen Enthüllung mit Schrecken betrachtete ganz beſonders angenehm geweſen.

Man kann ſich ohne Mühe den tiefen Eindruck denken,

welchen dieser ausführliche Bericht auf die beiden Frauen hervorbringen mußte.

Frau Rupert hob die Augen gen Himmel, schlug sich auf die Brust und sprach ein stilles Dankgebet. Mutter Guignet schlug ein lautes Gelächter auf, weinte dann und schien vor Freude förmlich wahnsinnig zu sein.

»Na, Mutter Guignet, sagte ich es Euch nicht?« rief Leonard. »Hat euer kleiner Neufundländer sich nicht ganz wacker gehalten und wäre es nicht schade gewesen —«

»Du bist selbst ein guter Junge und ich bitte Dich für die Deinigen und für Dich um Verzeihung wegen meiner albernen Gedanken. Was Dich betrifft, Kleiner,« setzte sie hinzu, indem sie den Schiffsjungen ohne weiters in ihre Arme faßte und wie ein Kind emporhob, »so werden wir einander nicht so verlassen. Ohne Zweifel hast Du in Tré= port noch kein Nachtlager. Du wirst daher mit zu mir kommen. Ich werde Dich gut tractiren. Du sollst eine Omelette von zwölf Eiern mit Speck und so viel Aepfel= wein bekommen, als Du trinken willst. Du sollst in Neu= fundländer's Bett schlafen und während der Nacht wollen wir von ihm sprechen. Du wirst mir Alles erzählen, denn ich will Alles wissen. O, Du mußt mit oder ich wickle Dich in meine Schürze und trage Dich fort, Du magst wollen oder nicht.«

Sie würde dies auch wirklich gethan haben und der Schiffsjunge hatte halb lachend, halb erschrocken, Mühe, sich loszumachen.

Mittlerweile hatte Frau Rupert sich ihrer Tochter genähert, die ganz allein die allgemeine Freude nicht theilte, sondern ruhig und unverbrüchlich an ihrer Nähterei weiter arbeitete.

»Jeanne, mein Kind, verstehst Du denn nicht?« rief Frau Rupert weinend. »Dein Onkel und Louis sind gerettet. Dieser kleine Matrose hat sie erst heute noch gesehen. Er kommt in ihrem Namen. Die heilige Jungfrau hat deine Bitte schon erhört, Du verstehst mich, nicht wahr? Maillard und Louis sind in Dieppe.«

Jeanne schwieg immer noch und hob nicht einmal die Augen auf.

»Wenn das Mamsell Jeanne Rupert ist,« sagte der Schiffsjunge vom »Saint-Charles«, indem er sich ehrerbietig näherte, »so bin ich beauftragt, ihr im Namen des Herrn Louis zu sagen, daß er mitten in den größten Gefahren nicht aufgehört hat, an sie zu denken und daß er außerordentlich Sehnsucht empfindet, sie wieder zu sehen.«

Diese liebreiche Botschaft, welche in jedem andern Augenblicke das Herz der armen Jeanne mit hoher Freude erfüllt haben würde, ließ sie jetzt kalt und gleichgiltig. Sie schien ausschließlich beschäftigt, einer Falbel einen recht zierlichen Schwung zu geben, und murmelte, während sie ihr Werk mit Wohlgefallen betrachtete: »Sehr schön; die heilige Jungfrau wird mir nichts abschlagen können. Gehöre ich übrigens nicht schon zu ihrer Brüderschaft? Wenn ich mich umdrehen werde, werden sie beide am Fuße des Altars stehen.«

Frau Rupert seufzte. Die Anwesenden wollten ihr auf's Neue Trost zusprechen, in diesem Augenblicke aber öffnete sich die Thür abermals und man sagte in gebieterischem Ton:

»Im Namen des Gesetzes! Niemand rühre sich von der Stelle! Wir kommen, um eine Haussuchung vorzunehmen und uns zu überzeugen, daß hier nichts Zollpflichtiges sich vorfindet.«

Der Brigadier Martin trat ein, gefolgt von einem zweiten Zollofficianten, während ein dritter in der Nähe der Thür Schildwache stand.

Die Anwesenden hatten schon zu viele gewaltige Gemüthserschütterungen erfahren, als daß diese gleichsam militärische Besetzung von Maillard's Wohnung einen sehr lebhaften Eindruck auf sie hätte machen können. Frau Rupert, die gewohnt war, den Brigadier als einen Freund zu betrachten, eilte sofort auf ihn zu.

»Ach, Herr Martin, Herr Martin,« rief sie, »welch' ein Abend! Ihr wißt wohl, daß mein armer Bruder wiedergefunden ist, daß er lebt, daß er zurückkommen wird? Aber meine Tochter, meine unglückliche Tochter!«

»Was sagt Ihr da?« rief der Brigadier verdutzt. »Man hat Nachrichten von Maillard?«

Sofort begann die Rupert mit großer Zungenfertigkeit die Thatsachen zu erzählen, welche seit wenigen Augenblicken zu ihrer Kenntniß gelangt waren. Sie berief sich auf das Zeugniß des Schiffsjungen, Leonards, der Mutter Guignet, welche sich ihrerseits beeilten, ihren Antheil zu den Aufschlüssen beizutragen.

Martin und seine Leute hörten alle diese Einzelheiten mit großer Aufmerksamkeit an; es dauerte jedoch nicht lange, so ging in dem Gemüth des dicken Brigadiers eine Umwandlung vor.

»Also,« hob er, die Lippen zusammenkneifend, an,

»dieser Maillard wird wiederkommen und uns mehr Un
gelegenheit machen als je. In Folge der Dienste, welch
er diesen Schiffbrüchigen geleistet, wird man ihn befördern;
man wird ihn vielleicht zum Brigadier ernennen, wie mich.
Alles dies ist ganz gut, aber ich kenne nur meine Pflicht.
Ich habe Befehle erhalten und ich muß sie ausführen.
Demgemäß werde ich mich überzeugen, ob sich nicht ge
schmuggelte Waaren in diesem Hause vorfinden.«

»Geschmuggelte Waaren bei uns?« rief die Rupert.
»Ach, Herr Martin, könntet Ihr wirklich glauben —« si
stockte von einem Gedanken betroffen und stellte sich zwi
schen den Brigadier und ihre Tochter.

»Versuchet nicht, es zu läugnen,« hob Martin wiede
an. »Ich will Euch nämlich sagen: Ihr seid denuncir
Allerdings hatte ich niemals so etwas von Euch erwarte
Frau Rupert, und noch viel weniger von meinem Unter
brigadier, auf den ich so großes Vertrauen setzte; — wi
man sich doch in den Menschen irren kann!«

»Herr Martin, ich versichere Euch —«

»Noch einmal, versuchet nicht, es zu läugnen — dod
da ist ja Leonard Cabillot selbst, der, wenn ich nicht irre
die Sache wird bestätigen können, denn ich habe sie vo
seinem Vater.«

»Von meinem Vater?« sagte Leonard unruhig. »Ih
habt ihn also gesehen und er behauptet — Aber, nein
nein, mein Vater irrt sich. Ich versichere Euch, daß de
lange Maillard und seine Familie niemals bei diese
Schmugglergeschichten betheiligt gewesen sind —«

»Ach, was weißt Du davon, Taugenichts! antwort
für Dich selbst — doch alles dies ist unnützes Geschwätz—

vir werden ja sehen! Ihr könnt Euch nicht über mich be=
tlagen, Frau Rupert. Ich bin heute gegen eure Tochter
und gegen Euch, als ich Euch so betrübt sah, sehr gut ge=
vesen, aber mit der Instruction ist nicht zu scherzen. Uebri=
zens glaube ich auch, daß Niemand hier gesonnen ist, dem
Besetz Widerstand zu leisten.«

Die Anwesenden blieben unbeweglich.

»Meiner Treu,« rief Mutter Guignet, indem sie in
:in lautes Gelächter ausbrach, »ich hätte eher geglaubt,
)aß das Seewasser sich in Aepfelwein verwandle, als daß
)ie Familie Maillard sich in den Schmuggelhandel mischte.
Man lernt doch immer mehr, je älter man wird.«

Schon warf der Brigadier, angespornt durch die
Eifersucht, welche die muthige Handlungsweise Maillard's
:hm einflößte, jenen den Leuten seines Standes eigenthüm=
lichen forschenden Blick um sich her. Er bemerkte ohne
Mühe das kostbare Gewand, an dessen Herstellung Jeanne
unerschütterlich fortarbeitete und dessen glänzende Weiße
gegen die es umgebenden Gegenstände abstach.

»Was ist das?« fragte er, indem er sich rasch näherte.
»Das sind ja ausgezeichnet schöne ausländische Spitzen!
Von wem habt Ihr die, Frau Rupert?«

»Diese Spitzen — ich will es Euch erklären — was
Ihr da sehet, Herr Martin, ist ein Gewand für die heilige
Jungfrau in der Abteikirche. Jeanne hat das Gelübde
gethan —«

»Gut, gut, aber wo sind diese Spitzen her? Von
wem habt Ihr sie gekauft?«

»Ich habe sie nicht gekauft,« stammelte die arme

Frau, welche nun den Kopf verlor. »Meine Tochter hatte sie — ich glaube, sie hatte sie von ihrem Onkel Maillard.«

»Von Maillard? Das wollte ich eben wissen,« entgegnete der Brigadier. »Merkt Euch diesen Umstand,« setzte er zu seinen Leuten gewendet hinzu.

Frau Rupert sah ein, welchen Fehler sie begangen hatte.

»Doch nein, ich irre mich,« hob sie wieder an, »Maillard wußte im Gegentheile nichts davon. Jeanne allein könnte erklären, wie sie sich diese schönen Sachen verschafft hat; in der Gemüthsverfassung aber, in welcher sie sich jetzt befindet —«

»Wohlan, wenn Ihr nicht wisset, wo sie her sind,« sagte der dicke Brigadier, welcher das noch nicht fertige Gewand rasch besichtigt hatte, »so kann ich es Euch sagen. Ich sah sogleich, daß diese Spitzen zu den aus dem Douanegebäude geraubten geschmuggelten Waaren gehören. Ich kann gar nicht daran zweifeln,« fuhr er fort, indem er auf den Pappdeckel zeigte, auf welchen die leichten Gewebe aufgerollt waren; »hier ist das Fabrikszeichen, welches wir an den anderen gefunden haben, und hier sind auch die Zahlen, die ich selbst mit Bleistift geschrieben, um das Ellenmaß des Stückes zu notiren, als wir ein flüchtiges Inventarium über den Waarenballen aufnahmen.«

Diese Beweise waren klar und bestimmt und alles Abläugnen ward unmöglich.

»Wohlan, ich gestehe es,« sagte die arme Mutter weinend, »ich habe Grund zu glauben, daß Jeanne gestern ohne mein Vorwissen und in der Meinung, sie thue durchaus nichts Unrechtes, aus eurem Zimmer dieses Stück

Spitzen mitgenommen hat. Ihr wißt, mein guter Herr Martin, wie thöricht die jungen Mädchen sind. Jeanne wird etwas gewünscht haben, um der heiligen Jungfrau ein Kleid machen zu können, und das ist doch wohl keine Sünde. Auch ist es möglich, daß ihre unglückliche Thorheit ihr schon den Kopf verdreht hatte.«

»Das geht mich Alles weiter nichts an,« entgegnete Martin brutal. »Mögen diese Waaren nun geschmuggelt oder gestohlen, oder vielleicht beides sein, so ist das nicht meine Sache. Ich werde den Fall in meinem Protokoll erzählen, dann werdet Ihr Euch gegen meine Vorgesetzten weiter erklären. Mittlerweile werde ich Kleid und Spitzen mitnehmen. Ihr könnt sie später auf der Douane reclamiren, wenn Ihr ein Recht dazu habt.«

Nachdem er diese geheiligte Formel ausgesprochen, lenkte er seine Schritte nach dem Bett, um sich des Votivgewandes zu bemächtigen. Jeanne aber warf, obschon sie bis jetzt von der ganzen Unterredung keine Notiz zu nehmen geschienen, ihre Arbeit rasch auf die Seite, breitete die Arme aus, um sie gegen den Zollofficianten zu schützen und rief mit Nachdruck:

»Zurück, Gottloser! Verruchter! fürchtet Ihr nicht, daß Gott Euch durch seinen Blitz zerschmettere, wenn Ihr die Hand an dieses für seine heilige Mutter bestimmte Gewand legt?«

»Ach, das ist so viel wie nichts gesagt, mein schönes Kind,« entgegnete Martin in spöttischem Tone; »der Pfarrer kann auf die Douane kommen, wenn er Reclamationen vorzubringen hat. Was mich betrifft, so habe ich Euch schon gesagt, ich kenne nur meine Pflicht.«

»Unglücklicher,« rief Frau Rupert entsetzt, »wollt Ihr sie denn umbringen? Der Arzt hat verboten —«

»Zurück, Bösewicht, Lästerer, Tempelschänder!« hob das junge Mädchen mit wildfunkelnden Augen wieder an. »Diesen Raub werde ich Euch nicht ausführen lassen. Das Leben zweier Personen hängt von der Erfüllung meines Gelübdes ab. Wenn ich das der heiligen Jungfrau geleistete Versprechen nicht halte, so werden weder mein Onkel noch mein Verlobter Louis jemals zurückkehren!«

»Das wird sich finden, aber machen wir diesem Possenspiel ein Ende. Wollt Ihr mir diese geschmuggelten Waaren ausliefern? Ja oder nein.«

»Nein! nein! tausendmal nein!«

»Nun dann werde ich sie nehmen, mögt Ihr wollen oder nicht.«

Er schickte sich an Gewalt anzuwenden, ward aber plötzlich von einer kräftigen Hand bis an das andere Ende des Zimmers geschleudert.

»Wie, Ihr alte dicke Häringstonne?« hob Mutter Guignet, die sich beeilt hatte, zu interveniren, an; »schämt Ihr Euch nicht, Euch auf diese Weise zu benehmen? Wenn nun dieses Kind auch ein bischen geschmuggelt hätte, was wäre weiter Unrechtes dabei? Laßt Euch nicht etwa einfallen, sie noch länger zu quälen, sondern macht, daß Ihr fortkommt, sonst menge ich mich ordentlich hinein.«

Leonard und der Schiffsjunge vom »Saint-Charles« zeigten sich in gleicher Weise aufgelegt, Neufundländer's Verlobte zu vertheidigen und trotz der Bitte der guten Rupert, die mit gefalteten Händen um Frieden bat, schien ein Kampf unvermeidlich.

Zum Glück ward der Brigadier durch die drohende Haltung der Anwesenden eingeschüchtert; vielleicht empfand er auch einige Gewissensbisse über die Gewaltthätigkeit seines Verfahrens in dem Hause eines Collegen. Er hüllte sich daher in das Gewand seiner Würde und hob in majestätischem Tone wieder an:

»Wenn ein Mann gewagt hätte, Hand an mich zu legen wie dieses verwünschte alte Weib, so hätte er schlecht wegkommen sollen! Mit dem Weibsvolk richtet man aber einmal nichts aus. Ich will daher auf der Wegnahme dieses Kleides nicht weiter bestehen; ich werde mir nicht einmal die Mühe nehmen, die Haussuchung weiter fortzusetzen — was könnte sie auch nützen? Wir haben ja schon zehnmal mehr geschmuggelte Waaren gefunden, als nöthig ist, um ein scharfes Verhör zu rechtfertigen. Nur werden Frau Rupert und ihre Tochter nicht vergessen, daß ich ihnen zur Pflicht mache, diese Spitzen zu bewahren, damit sie dieselben bei der ersten Aufforderung vorlegen können. Für den Augenblick werde ich mich begnügen, diesen Pappdeckel als Beweisstück mitzunehmen.«

Und er bemächtigte sich triumphirend der Pappe, auf welche das Stück Spitzen aufgewickelt gewesen war.

»Ja, nehmt das,« sagte Mutter Guignet, »da Ihr durchaus etwas mitnehmen wollt, und laßt uns in Ruhe.«

»Es wird,« fuhr der Brigadier stolz fort, »Niemand hier Ursache haben, sich des schlechten Empfanges, den man mir bereitet hat, zu rühmen. Euer schöner Maillard mag nur wiederkommen — er wird seinen Theil kriegen, dafür stehe ich ihm!«

Und er entfernte sich mit seinen Untergebenen, welche

mit der Handlungsweise ihres Vorgesetzten durchaus nicht
einverstanden zu sein schienen.

Als sie draußen waren, überließ Frau Rupert sich ihrem Schmerz ohne Rückhalt.

»Welchen Empfang bereiten sie meinem Bruder,
der schon so vielen Gefahren Trotz geboten!« sagte sie.
»Der gute Mann, der in Bezug auf seine Pflicht so
empfindlich ist, wird vor Kummer sterben, abgesehen davon, daß mein unglückliches Kind — O, mein Gott, konnte
ich glauben, daß ich in derselben Stunde, wo man mir die
Rettung Maillard's und des guten Louis verkündete, einen
so grausamen neuen Kummer erleben würde.«

»Na, na, Frau Rupert, es wird schon Alles ins
Gleiche kommen,« hob Mutter Guignet in beruhigendem
Tone wieder an. »Jetzt, wo ich unsere Männer am Leben
weiß, beunruhigt mich das Uebrige sehr wenig. Jedoch es
ist nun Zeit, daß ich wieder gehe und Euch der Ruhe überlasse. Du, Kleiner, gehst also mit zu mir, wo Du weder
verhungern noch verdursten sollst.«

»Und ich werde wieder zu meinem Vater gehen, denn
wir sollen mit der hohen Flut den Hafen verlassen,« entgegnete Leonard, der plötzlich aus seinem Hinbrüten zu
erwachen schien. »Ich habe mich schon verspätet und ohne
Zweifel wird es eine Tracht Hiebe auf meine Schultern
regnen, aber daraus mache ich mir jetzt weiter nichts.«

»Nun, so wollen wir gehen,« sagte die Witwe, »und
Ihr, Frau Rupert, verliert nicht den Muth. Ich werde
mich über diese Angelegenheit mit einem vortrefflichen
Herrn besprechen, der sich sehr für meinen Sohn interessirt,

ınd ich glaube, er wird uns einen guten Rath geben
'önnen.«

Man nahm Abschied von der Mutter und der Toch=
:er. Letztere kümmerte sich nicht um den Abschied der Be=
'ucher, als dieselben aber eben die Schwelle der Thür über=
'chritten, richtete sie sich auf ihrem Bett empor und sagte
mit dem Ausdrucke unaussprechlicher Freude:

»Das Kleid ist fertig — morgen werde ich meine
Wallfahrt thun und sie Beide am Fuße des Altars der
heiligen Jungfrau finden.«

Drittes Capitel.

Das Kästchen von Ebenholz.

Am nächsten Morgen, ungefähr zu der Stunde, wo
das Familienfrühstück zu Ende war, langte Herr von
P*** am Fuße des Schlosses Duplessis an. Unter der
Colonnade traf er den alten Julien, der ihn zu erwar=
ten schien.

»Nun?« fragte Herr von P*** kurz.

»Nichts Neues,« entgegnete Julien leise.

»Und das Kästchen?«

»Ich habe es nicht aus den Augen verloren.«

»Hat Frau von Grandville es nicht geöffnet?«

»Ich glaube, an Lust dazu fehlte es ihr nicht. In der
vergangenen Nacht, bei ihrer Rückkehr vom Balle, war
sie unruhig, nachdenklich, als ob sie die Wahrheit ahnte.«

„In der That hätte auch eine weniger schlaue Person als sie Argwohn schöpfen können und Ihr sagt also, sie habe sich mit dem Kästchen beschäftigt?"

„Ja, sie schien etwas darin suchen zu wollen. Sie verlangte ihrem Kammermädchen den Schlüssel ab, aber dieser Schlüssel war, wie sich ergab, verloren gegangen oder verlegt worden und Madame dachte, nachdem sie einen Augenblick sich ungeduldig gezeigt, zuletzt nicht weiter daran."

„Sehr gut; Ihr aber wisset wahrscheinlich, wo der Schlüssel ist."

„Er liegt hinter einem Möbel — wohin er zufällig gefallen zu sein scheint."

Herr von P*** lächelte.

„Immer besser," hob er an; „meiner Treu, Julien, wenn ich Euch zu der Zeit gekannt hätte, wo ich Instructionsrichter war, so würde ich etwas aus Euch gemacht haben. Jetzt hört mich an."

Er sprach ihm einen Augenblick lang in's Ohr. Julien verneigte sich.

„Sie können versichert sein, daß ich Ihre Befehle treulich ausführen werde," antwortete er.

„Ich rechne darauf. Uebrigens bleibe ich jetzt hier — geht und meldet mich dem General."

„Das ist nicht nöthig. Der General hat mir befohlen, Sie sofort bei ihm einzuführen, wenn Sie erscheinen. Die Damen sind in diesem Augenblick bei ihm."

„O, ich fürchte ihre Gegenwart durchaus nicht. Geht voran, Meister Julien."

Und sie lenkten ihre Schritte nach dem Zimmer des Generals.

Als sie den Salon durchschritten, welcher nach dem Schlafzimmer des Herrn von Sergey führte, hörten sie eine gebrochene Stimme, welche sich im Tone des heftigsten Zornes erhob.

Herr von P***, welcher fürchtete, zu ungelegener Zeit einzutreten, winkte Julien, stehen zu bleiben.

»Diesmal, Madame,« sagte der General, »werde ich Ihrer wahnsinnigen Verschwendung ein Ziel zu setzen wissen. Ich bezahle nicht. Zehntausend Francs für Lumpen und Spitzen — was glauben Sie denn? Wo soll ich diese Summe hernehmen? Die Einkünfte von meinem Vermögen und dem meiner Tochter sind eben so wie mein Gehalt stets sechs Monate im Voraus aufgezehrt, um nur Ihrer wahnsinnigen Toilette zu genügen. Dieser Verschwendung werde ich mich in Zukunft entschieden widersetzen. Ihr Schmuggler möge seine Forderung ermäßigen. Geben Sie ihm seine Waaren zurück, wenn er auf seiner Forderung besteht. Was mich betrifft, so kann ich diesen Aufwand nicht bestreiten.«

Wie es schien, ward Caroline durch diesen Widerstand, an welchen der schwache Greis sie nicht gewöhnt hatte, nicht wenig geschreckt und sie stammelte unverständliche Worte.

Leonie dagegen sagte in ihrem sanften Tone:

»Ich beschwöre Dich, mein Vater, ereifere Dich nicht so. Die geringste Aufregung ist Dir schädlich. Lieber will ich Dir meine persönlichen Ersparnisse überlassen, als Dich so in Zorn gerathen sehen.«

„Still, still, mein Kind," antwortete Herr von Sergey mit Rührung, „ich habe Dich diesem egoistischen, herzlosen Weibe schon viel zu sehr geopfert. Die Augen gehen mir endlich auf und ich gewahre zu spät, daß mein Vertrauen und meine Liebe nicht am rechten Orte angewendet gewesen sind."

„Ach, Sergey," rief Caroline, „wie können Sie so ungerecht gegen mich sein? Wie können Sie um elender Lumpen willen in diesem heftigen, bitteren Tone zu mir sprechen?"

Die Discussion dauerte in dieser Weise fort und Julien sah Herrn von P*** lächelnd an.

„Es lohnt nicht der Mühe, wegen einer solchen Kleinigkeit stehen zu bleiben," sagte er leise. „Dergleichen Auftritte erneuern sich jedesmal, wo Madame die Rechnungen ihrer Geschäftsleute bezahlen soll. Sie ruinirt diesen armen Mann noch und es ist die höchste Zeit, daß dies ein Ende nehme."

„Wir sehen also hier in Bezug auf jene glänzenden Salonkoketten die Kehrseite der Medaille," entgegnete Herr von P***, die Achseln zuckend. „Wir wollen indessen rasch eintreten, denn ich bin kein Freund vom Horchen an den Thüren."

Der Eintritt des Herrn von P*** schien allen Anwesenden angenehm zu sein — erstens weil seine Ankunft einen peinlichen Wortwechsel unterbrach und zweitens weil Jeder von ihnen Rathschläge oder Beistand erwartete.

Der hohe Beamte entmuthigte diese entgegengesetzten Hoffnungen durch seine Haltung durchaus nicht.

Nachdem er sich mit graziöser Ungezwungenheit prä-

entirt, zeigte er sich zuvorkommend und liebreich gegen den
General, galant gegen Frau von Grandville, wohlwol=
end, beinahe väterlich gegen Leonien. Dennoch aber beeilte
r sich nicht, von dem Gegenstande anzufangen, den man
vielleicht erwartete, und er schien mit der Ungeduld seiner
Zuhörer sein Spiel zu treiben. Endlich sagte er kalt, nach=
dem er langsam eine Prise genommen:

»Apropos, General, ich habe Ihren Auftrag voll=
zogen. Ich habe die Zurücknahme Ihrer Klage der betref=
fenden Stelle übermittelt und ganz gegen meine Erwartung
hat diese Schrift wahre Wunder gewirkt.«

»Also deshalb,« unterbrach Caroline, indem sie Herrn
von P*** einen vorwurfsvollen Blick zuwarf, »deshalb
wagt Herr von Listrac schon sich öffentlich zu zeigen? Des=
wegen bot er mir erst gestern am Strande auf die frechste
Weise Trotz?«

Niemand aber nahm Notiz von dieser Bemerkung.

»Ich danke Ihnen, mein lieber Herr von P***,«
antwortete der General; »ich erwartete auch von Ihrer
Gefälligkeit und Ihrem Ansehen nichts Geringeres. In der
That, Sie nehmen mir da eine schwere Bürde vom Her=
zen. Also dieser unglückliche junge Mann ist jetzt aus die=
ser Sache heraus?«

»Heraus! Was glauben Sie? So schnell geht es mit
der Justiz nicht. Wenn Herr von Listrac vollständig aus
der Sache heraus, wie Sie sagen, sein sollte, so müßte
man materielle, positive Beweise haben, daß wirklich ein
Duell stattgefunden hat —«

»Dergleichen Beweise,« unterbrach ihn Caroline
übereilt, »sind nicht vorhanden — man wird keine finden.«

»Im Gegentheile, Madame, diese Beweise sind vorhanden und man erwartet mit Bestimmtheit, sie bald zu finden.«

Caroline sah Herrn von P*** starr an. Er war ruhig und seinen Mund umspielte das gewohnte Lächeln.

In diesem Augenblicke hörte man ein dumpfes Geräusch im Hause, und Herr von P*** ließ sich unwillkürlich eine Bewegung der Freude entschlüpfen.

Es dauerte nicht lange, so trat der Diener mit ganz verstörter Miene herein.

»Ei, mein alter Julien, was gibt es denn?« fragte der General.

»Weiter nichts, Herr General, als daß ein Polizeicommissär mit vier oder fünf Zollofficianten unten im Hofe steht. Er verlangt im Namen des Gesetzes Haussuchung im Schlosse vorzunehmen, weil man geschmuggelte Waaren hier vermuthet.«

Diese Nachricht erweckte unter den Anwesenden gleichzeitig Bestürzung und Entrüstung.

»Eine Haussuchung bei mir!« rief der General. »Das nenne ich die Unverschämtheit ein wenig weit getrieben. Hält man mich für einen Schleichhändler? Julien, gib mir meinen Stock, ich werde die Herren Officianten selbst empfangen.«

»Mein Vater, ich beschwöre Dich —«

»Was fällt Ihnen ein, Herr General!« sagte Herr von P***. »Sie werden sich doch nicht mit diesen Leuten compromittiren wollen! Die Gegenwart des Beamten, der sie begleitet, ist ein Beweis, daß sie das Gesetz für sich haben.«

„Ach, was da! Sie haben nicht das Recht, ihre Con=
trebande sogar bei Privatpersonen zu suchen.“

„Allerdings, aber es handelt sich nicht blos um Con=
trebande, sondern auch um Waaren, die vorgestern Nachts
in der Douane von Duplessis gestohlen worden sind, und
das ändert die Sache. Ich hörte gestern Abend einige
Worte über diese Angelegenheit sprechen, bei welcher meh=
rere vornehme Damen hiesiger Gegend compromittirt sind.
Man ist Spitzen auf der Spur, welche ohne Zweifel schon
aristokratische Schultern schmücken —“

„Allerdings,“ hob Julien wieder an, „spricht man
von diesen Spitzen. Diese Herren glauben mit Bestimmt=
heit einen Theil davon bei Madame zu finden, und verlan=
gen daher auch blos in Madame's Zimmer die Haussu=
chung vorzunehmen.“

„Bei mir!“ rief Caroline, indem sie sich ungestüm
erhob. „Das werde ich niemals gestatten! — General —
Herr von P***, Sie werden, hoffe ich, nicht dulden, daß
man mich auf diese Weise beleidige!“

„Bedenken Sie doch, Madame,“ sagte Herr von
P*** lächelnd, „man wird unserer Erlaubniß eben so
wenig bedürfen als der Ihrigen. Die angebliche Bitte ist
weiter nichts, als ein in milder Form ausgesprochener
Befehl. Das Beste, was man in solchen Fällen thun kann,
ist, sich in die Unhöflichkeiten der gesetzlichen Vorschriften
zu fügen.“

„Da Sie dieser Meinung sind, Herr von P***, so
möge es geschehen,“ sagte der General gleichgiltig. „Doch,
da fällt mir ein, Madame,“ fuhr er in ironischem Tone
fort, „sollten diese Spitzen, die man sucht, nicht vielleicht

dieselben sein, deren Bezahlung man von Ihnen verlangt
Das würde dieser Schwierigkeit sofort ein Ende machen
denn wenn man diesen schönen Firlefanz wegnähme, s[c]
brauchten Sie ihn nicht mehr zu bezahlen.«

»Ich verstehe, Herr General, Ihre Sparsamkei[t]
würde sich der Beleidigung, die man mir anthut, mit leich[t]
ter Mühe anbequemen. Freilich, wenn es sich um Ihr[e]
Tochter handelte —«

»Meine Tochter würde nichts von Schmugglern
kaufen.«

»Man muß wohl von Schmugglern kaufen, wenn in
Folge Ihres schmutzigen Geizes die anderen Kaufleute —
doch genug. Herr von P***,« fuhr sie in bittendem Tone
fort, »an Sie wende ich mich, da Sie allein hier den Willen haben, mich zu schützen. Machen Sie von Ihrer Auto-
rität Gebrauch, und schicken Sie diese Leute auf's Schleu-
nigste wieder fort.«

»Erinnern Sie sich, Madame, dessen, was ich Ihnen
schon einmal von dem »Igel der Administrativbehörde«
gesagt habe. In Zollangelegenheiten vermag ich nichts
Dennoch werde ich, da der Zufall mich einmal hierherge[führt]
führt hat, mich selbst überzeugen, ob die Vollmachten die
ser Herren in Ordnung sind, und dann werde ich darübe[r]
wachen, daß man mit der Schonung und Rücksicht zu Werk[e]
gehe, welche man dem Hause des Generals von Serge[t]
schuldig ist.«

»Ja, ja, thun Sie das,« sagte Caroline verstört
»ich verlasse mich ganz auf Sie — hören Sie, hören Si[e]
da kommen sie schon die Treppe herauf!«

In der That hörte man schwere Tritte auf der nach der ersten Etage führenden Treppe.

Herr von P*** erhob sich.

»Mein lieber Herr General und Sie, mein Fräulein,« sagte er ruhig, »erschrecken Sie durchaus nicht. Eine Haussuchung von Zollamtswegen hat durchaus nichts Entehrendes und nicht einmal den Charakter von einer Nachsuchung auf Anordnung der Justizbehörde. Diese Herren werden jedoch wohl ein wenig ungeduldig sein und ich muß daher rasch mich zu ihnen gesellen, um ihre Operationen zu überwachen.«

»Ich folge Ihnen, mein Herr,« hob Caroline wieder an, »diese Leute wären im Stande, in meinem Zimmer Alles umzustürzen.«

»Ganz, wie Sie wünschen. Uebrigens hoffe ich, daß die ganze Sache nicht lange dauern wird.«

Er gab dem General und seiner Tochter noch einen beruhigenden Wink, bot Carolinen den Arm und verließ mit ihr das Zimmer.

Auf dem Wege nach ihrem Zimmer verrieth Frau von Grandville eine außerordentliche Unruhe.

»Herr von P***,« sagte sie, »ich darf Ihnen nicht verhehlen, daß diese unglücklichen geschmuggelten Spitzen sich in der That bei mir vorfinden, wenigstens ein großer Theil davon.«

»Dies hatte ich wohl errathen, Madame, und dies nöthigt uns, gegen die Organe der Behörde gewisse Rücksichten zu gebrauchen.«

»Rücksichten! Warum sollte ich deren nicht nehmen? Glauben Sie, ich sei stark genug, um gegen alle diese Leute kämpfen zu können? Indessen, Sie können mir noch einen Dienst leisten. Ich möchte nicht gern diese Leute auf brutale Weise in meinen Meubles und vielleicht sogar in meinen Toilettegegenständen herumwühlen sehen. Jede andere Frau würde durch diese freche Haussuchung ebenfalls empört werden. Sehen Sie daher zu, daß man in meinem Zimmer nichts anrühre und ich mache mich verbindlich, die Spitzen, die ich von diesen verwünschten Schmugglern habe, auf der Stelle auszuliefern.«

»Ich werde diese Herren von Ihrem Vorschlage in Kenntniß setzen,« entgegnete der hohe Beamte kalt.

Man trat in ein allerliebstes Boudoir, aus welchem man in das Schlafzimmer der Frau von Grandville gelangte. Der Polizeicommissär mit seiner Schärpe und vier Zolofficianten in Uniform unter den Befehlen des Brigadiers Martin waren schon darin, standen aber noch an der Thür und schienen, um die Nachsuchung zu beginnen, erst die Ankunft einer Person von der Hausherrschaft abzuwarten. Dicht neben dem Eingange standen Carolinens Kammermädchen und der alte Julien, der Alles mit ganz besonderem Interesse beobachtete.

Alle diese im Zimmer befindlichen Personen verneigten sich ehrerbietig vor den Neueintretenden.

Herr von P*** warf einen Blick auf das Mandat, welches man ihm vorzeigte, und setzte dann den Commissär von dem Anerbieten der Frau von Grandville in Kenntniß.

Der Beamte verrieth einige Verlegenheit.

»Wenn Herr von P*** es verlangt—« stammelte er.

»Ich verlange nichts, mein Herr.«

Dieses Wort ward von einem bedeutsamen Blicke begleitet.

»In diesem Falle,« entgegnete der Commissär mit mehr Sicherheit, »kann ich kein bestimmtes Versprechen geben, ehe ich den Werth und die Gattung der Gegenstände kenne, deren Wiederherausgabe man zu bewirken wünscht.«

»Mein Gott,« sagte Caroline mit fieberhaftem Eifer, »es fällt mir nicht ein, meine Herren, irgend eine Quantität von den Spitzen zurückzubehalten, welche mich so demüthigenden Nachforschungen aussetzen, das versichere ich Ihnen. Ich habe sie erst seit gestern. Ich habe noch gar keine Zeit gehabt, sie aufzuwickeln und sie sind noch in der Pappschachtel. Kommen Sie, ich will sie Ihnen einhändigen.«

Und sie trat schnell in ihr Schlafzimmer. Nur Herr von P***, der Commissär und der Brigadier Martin folgten ihr in dieses luxuriöse Gemach, welches gleichsam vom Dufte der Schönheit erfüllt war. Die Subaltern-Officianten blieben in dem Boudoir.

Martin schien durch die Pracht und Eleganz der Möbles und der Tapeten förmlich geblendet zu werden. Herr von P*** selbst ließ einen langsamen und neugierigen Blick um sich schweifen, dieser Blick lenkte sich aber sehr bald auf ein ziemlich großes, mit goldenen Beschlägen versehenes Kästchen von Ebenholz, welches auf einer Console stand und worauf der Blick haften blieb.

Caroline nahm aus einem Toilettenschrank eine Pappschachtel, welche sie öffnete.

»Hier, meine Herren, das ist Alles,« sagte sie. »Es ist Alles, ich schwöre es Ihnen.«

Martin betrachtete die Spitzen genau und erkannte darin sofort einen Theil derjenigen, die kürzlich aus dem Douanegebäude gestohlen worden.

»Wohlan, meine Herren, nehmen Sie sie mit; beeilen Sie sich, sie mitzunehmen; es hat Niemand etwas dagegen. Und nun,« setzte sie ängstlich hinzu, »kann ich wohl hoffen, daß Sie sich wieder entfernen?«

Der Commissär wechselte wieder einen Blick mit Herrn von P***.

»Es thut mir unendlich leid, Madame,« hob er dann an, »daß wir Ihren Wunsch nicht erfüllen können. Von den Waaren, die wir suchen, hat sich allerdings ein Theil hier wiedergefunden, aber warum sollte die noch fehlende Quantität nicht ebenfalls hier zu finden sein? Unsere Pflicht verbietet uns, Ihnen aufs Wort zu glauben, und die Nachsuchungen müssen in Ihrem Zimmer weiter fortgesetzt werden.«

»Aber das ist nichtswürdig, das ist abscheulich!« rief Frau von Grandville entrüstet. »Bin ich denn in dieser ganzen Umgegend die Einzige, an welche die verwünschten Schmuggler Spitzen verkauft haben? Herr von P***,« fuhr sie in bittendem Tone fort, »ich versichere Ihnen, daß ich Alles herausgegeben habe, was ich hatte. Schützen Sie mich gegen diese lächerlichen Chicanen, gegen diesen Mißbrauch der Amtsgewalt.«

Herr von P*** gab durch eine Geberde zu verstehen, daß er hier ohnmächtig sei.

»Nun gut, so möge man diese Brutalität aufs Aeußerste treiben,« sagte Caroline, indem sie einen Bund Schlüssel von sich schleuderte.

Dann sank sie auf einen Stuhl und begann vor Wuth an ihrem Taschentuche zu nagen.

Jeder Schrank und jeder Schubkasten ward nach der Reihe geöffnet, dennoch bemerkte Frau von Grandville, trotz ihrer Erbitterung sehr bald, daß es mit diesen Nach= forschungen nicht sehr streng genommen ward. Man be= gnügte sich, um der Form zu genügen, einen flüchtigen Blick in die geöffneten Möbels zu werfen.

Diese Bemerkung schien Carolinen wieder zu beruhigen, und schon ward ihr Gesichtsausdruck sichtbar gelassener, als der Commissär, auf das Kästchen von Ebenholz zeigend, sagte:

»Nun hätten wir blos noch diese Schatulle zu visitiren, aber wir finden den Schlüssel dazu nicht. Wollen Sie viel= leicht uns sagen, Madame —«

»Diese Schatulle enthält weiter nichts als Papiere, Familien=Correspondenzen und dergleichen. Rühren Sie das Kästchen nicht an — ich verbiete Ihnen, es anzurühren.«

»Aber es könnte ja auch geschmuggelte Gegenstände enthalten.«

»Zweifeln Sie vielleicht an meinem Worte, mein Herr, und werden Sie wagen, mir meine Familiengeheim= nisse rauben zu wollen? Uebrigens ist der Schlüssel auch ver= loren gegangen und man würde das Kästchen nicht öffnen können, ohne das Schloß zu sprengen.«

»Nun gut, so wird man es sprengen,« sagte der Commissär, dessen Mißtrauen durch Carolinens Hart= näckigkeit verdoppelt zu werden schien. »Eine solche Klei= nigkeit wird uns weiter nicht in Verlegenheit bringen.«

In diesem Augenblick steckte Julien den Kopf zu der ein wenig geöffneten Thür herein.

»Es wäre schade,« sagte er, »dieses allerliebste kleine Möbel zu beschädigen. Ich weiß, wo der Schlüssel liegen kann. Er ist, glaube ich, hinter die Console gefallen — ich finde ihn gewiß sogleich.«

Und er begann sofort zu suchen, ohne auf die drohende Geberde zu achten, welche seine Herrin ihm machte. Das Suchen dauerte weder lange, noch war es schwierig, und nach wenigen Secunden richtete Julien sich wieder in die Höhe. Er hielt den verlornen Schlüssel in der Hand.

Caroline wollte sich desselben bemächtigen, aber schon hatte Julien ihn Herrn von P*** überreicht, welcher in kaltem Tone sagte:

»Da diese Schatulle werthvolle Papiere enthält, so werde ich in meiner Eigenschaft als Oberbeamter allein zur Eröffnung schreiten. Frau von Grandville hat wohl, hoffe ich, gegen dieses Arrangement nichts einzuwenden.«

Caroline konnte nicht antworten. Sie war bleich, erstarrt und beobachtete mit unaussprechlicher Angst jede Bewegung des Herrn von P***.

Dieser schloß mit vielleicht berechneter Langsamkeit die Schatulle auf. Sie war, wie gesagt worden, mit Papieren angefüllt. Nichtsdestoweniger konnten geschmuggelte Gegenstände sich darunter befinden und Herr von P*** mußte Hand anlegen, um sich davon zu überzeugen. Briefe, schon alte, wurden auf dem Tische umhergestreut.

Caroline richtete sich auf und stand mit ausgestrecktem Arme da, ohne ein Wort zu sprechen.

Herr von P*** bewahrte seine ruhige, lächelnde Miene. Plötzlich zuckte ein freudiges Gefühl wie ein Blitz über sein bewegliches Gesicht. Er nahm aus der Schatulle mehrere Papiere, die er rasch überflog.

»Mein Herr!« rief Caroline mit erstickter Stimme.

»Lassen Sie mich nur,« entgegnete Herr von P*** mit seiner gewohnten heiteren Ruhe. »Diese Briefe sind ohne Zweifel irrthümlicherweise unter die Ihrigen gerathen. Ich werde sie dem rechtmäßigen Eigenthümer zustellen.«

Frau von Grandville stieß einen lauten Schrei des Vorwurfs, des Schreckens und der Drohung aus und sank ohnmächtig nieder.

Herr von P*** schloß die Schatulle sorgfältig wieder zu, dann klingelte er der Zofe.

»Stehen Sie Ihrer Herrin bei,« sagte er, »und wenn Sie wieder zur Besinnung gekommen sein wird, so übergeben Sie ihr diesen Schlüssel. Was Sie betrifft, meine Herren,« fuhr er zu den Officianten gewendet fort, »so ist Ihre Aufgabe beendet, Sie sehen, daß dieses Kästchen keine Contrebande enthielt — Sie können sich daher entfernen.«

Wenige Augenblicke darauf kehrte Herr von P*** triumphirend in das Zimmer des Generals zurück.

»Victoria!« rief er in heiterem Tone; »die Belagerung ist endlich aufgehoben und der Feind in vollem Rückzuge begriffen. Die Jahrbücher des Schlosses Duplessis müssen das Andenken an dieses glorreiche Ereigniß bewahren!«

»Ich bitte Sie, mein lieber Herr von P***, hören Sie auf zu scherzen,« sagte der General mit Bewegung. »Ich habe schon errathen, daß Ihrer Gegenwart hier heute Morgen eine verborgene Absicht zu Grunde lag. Lassen Sie mich nicht lange schmachten — was haben Sie entdeckt?«

»Ich muß gestehen, daß Sie richtig gerathen haben mein alter Freund; dennoch scheue ich mich, Ihnen eine so ganz unerwartete Mittheilung zu machen, namentlich in Gegenwart Ihrer Fräulein Tochter.«

»Ich bin auf Alles gefaßt, und was meine Tochter betrifft, so ist diese ja schon längst in das Geheimniß meiner Schwächen eingeweiht.«

»In diesem Falle werde ich nicht länger zögern, es Ihnen zu sagen — General, Sie thaten vollkommen recht daran, daß Sie Ihre Klage gegen diesen Marineoffizier, Herrn von Listrac, zurücknahmen. Er war unschuldig an dem Verbrechen, welches man ihm zur Last legte. Das Duell hatte unter Beobachtung der regelmäßigen Form stattgefunden. Ich besitze jetzt die überzeugendsten Beweise davon.«

»Wo sind diese Beweise?«

»Hier.«

Und Herr von P*** überreichte dem General die mitten unter einer voluminösen Correspondenz in dem Kästchen von Ebenholz gefundenen Papiere. Sie bestanden aus der, von dem Rittmeister Granget unterzeichneten Erklärung, durch welche dieser die Existenz des Duells zwischen ihm und Listrac anerkannte, aus der entsprechenden Erklärung Listrac's und endlich aus mehreren Briefen, welche an den General adressirt, ihm aber niemals zugegangen waren.

Der alte Soldat durchflog rasch diese verschiedenen Schriften, deren Echtheit er nicht verkennen konnte. Ueber die Lehne seines Armstuhles gebeugt, las seine Tochter sie gleichzeitig mit. Es dauerte nicht lange, so brach sie in Schluchzen aus.

»O, ich wußte es wohl,« rief sie, »daß er einer solchen schändlichen That nicht fähig war.«

Der General schien kaum weniger bewegt zu sein.

»P***, mein Freund, ich beschwöre Sie,« sagte er mit halberstickter Stimme, »verschweigen Sie mir nichts. Wo haben Sie diese Papiere gefunden?«

»Ahnen Sie es nicht? Wohlan, Sie sind ein Mann und ich werde Ihnen es unumwunden sagen. Diese Papiere hatten sich — ohne Zweifel aus Zufall — in eine Schatulle verirrt, welche der Frau von Grandville gehört.«

Sergey bedeckte sich das Gesicht mit den zitternden Händen.

»Die verhaßte, die hinterlistige Creatur!« stammelte er; »wie verblendet bin ich doch gewesen! Welche lächerliche Rolle hat sie mich spielen lassen! Also diese Schmach war noch meinen letzten Lebenstagen vorbehalten!«

Seine Tochter faßte ihn in ihre Arme und bedeckte ihn mit Küssen.

»Leonie, liebes Kind!« fuhr er fort, indem er ihre Liebkosungen erwiederte, »kannst Du mich noch lieben und achten? Wirst Du mir verzeihen, Dir dieses schamlose Weib zur Hausgenossin gegeben zu haben? Und Sie, mein lieber P***, der Sie über die Schwächen gewöhnlicher Menschen so hoch erhaben sind, was werden Sie von mir denken?«

»Ihre Tochter wird Ihnen ohne Mühe verzeihen, General. Was mich betrifft, so weiß ich aus Erfahrung genügsam, wie bezaubernd und verführerisch dieses Weib

fein kann, um ihre Verirrungen zu verftehen und zu ent=
fchuldigen.«

»Und er, jener unglückliche junge Mann, den ich mit
folcher Hartnäckigkeit verfolgt, den ich bis zur Verzweiflung
getrieben habe, wird er jemals vergeffen können —«

»O, er wird vergeffen, auch dafür bürge ich,« entgeg=
nete Herr von P*** mit feinem feinen Lächeln. »Uebri=
gens ift er auch gar nicht weit von hier und wird Ihnen
ohne Zweifel diefe Verficherung felbft geben.«

Er ging in das Vorzimmer, wo Julien feines Rufes
gewärtig ftand, und fagte ihm leife einige Worte.

Fünf Minuten darauf hörte man einen rafchen
Schritt und Herr von Liftrac trat bleich und mit verftörter
Miene ein.

Der General bot ihm die eine Hand, während er mit
der andern ihm die bei Frau von Grandville gefundenen
Papiere entgegenhielt.

»Herr General,« ftammelte Réné, der fie auf den er=
ften Blick erkannte; »Sie wiffen alfo — Fräulein von
Sergey weiß auch —«

»Wir wiffen, daß Sie niemals aufgehört haben ein
Ehrenmann zu fein, und daß man Sie auf unwürdig
Weife verleumdet hat. Verzeihen Sie mir mein feindfeli=
ges Benehmen gegen Sie, Herr von Liftrac, Sie befitze
meine Achtung und meine Zuneigung bis zu meinem letzte
Lebenshauche, der vielleicht nicht lange mehr auf fich war=
ten laffen wird.«

»Verbannen Sie diefe traurigen Gedanken, mein al=
ter Freund,« hob Herr von P*** wieder an;« da Sie
aber einmal aufgelegt find, früheres Unrecht wieder gu

u machen, warum denken Sie nicht an das Mittel, wel=
hes zu diesem Zweck vielleicht das beste und wirksamste
ein werde? In der That, wenn Sie, der Sie Herrn von
Listrac so übel begegnet sind, ihn nicht durch engere Bande
in sich fesseln, so könnte die Verleumdung später —«

»Ich verstehe Sie, mein lieber P***, und übrigens
ist es auch Zeit, für meine geliebte Leonie einen Beschützer
in der Stelle dessen zu suchen, der ihr nun bald fehlen
wird. Wenn dieser Herr von Listrac noch dieselben Gesin=
nungen hegt, die er mir vor dem verhängnißvollen Ereig=
niß in Dieppe mehrmals zu erkennen gegeben hat —«

»Ach, General, können Sie daran zweifeln?« rief
Listrac außer sich.

»Und Du, meine Tochter?«

Leonie wendete erröthend das Gesicht hinweg.

»Umarmen Sie Ihre Braut, Listrac,« hob der Ge=
neral wieder an, »und machen Sie sie glücklich. Sie ist
sanft und gut. Sie allein vertheidigte Sie, als die ganze
Welt Sie anklagte. Möge sie aus Ihrer Erinnerung alles
von ihrem Vater begangene Unrecht verwischen — ihres
Vaters, der nun auch der Ihrige ist.«

Und er öffnete ihm ebenfalls die Arme.

Alle Personen dieses Auftritts waren lebhaft erregt
und sogar Herr von P***, der doch gegen dergleichen
Eindrücke ein wenig abgestumpft war, sah sich genöthigt,
zu seiner Tabatière Zuflucht zu nehmen.

Nach einem Augenblick des Schweigens hob Herr von
Sergey wieder an:

»Meine Freunde, ich habe Euch um eine Gunst zu
bitten, nämlich daß diese letzten Ereignisse und die schimpf=

liche Rolle, die man mich dabei hat spielen lassen, mit dem
tiefsten Geheimniß bedeckt bleiben. Indem ich diese Bitte
an Euch richte, habe ich nicht etwa die Absicht, eine unwür-
dige Schonung gegen dieses elende Weib eintreten zu lassen.
Mein Entschluß in Bezug auf sie ist vielmehr schon gefaßt
— ich werde sie niemals wiedersehen. Aber Ihr begreifet
leicht die Bedenklichkeiten eines Greises, dessen Lebensweg
stets ein ehrenvoller gewesen ist, und der am Ende seiner
Tage — o, Ihr werdet meinen Wunsch erfüllen!«

»Ich verspreche es Ihnen im Namen Aller, General,«
entgegnete Herr von P***; »dieses Geheimniß soll aus
dem engen Kreise, in welchen es gegenwärtig eingeschlossen
ist, nicht heraustreten. Ich werde die oberste Leitung dieser
Sache selbst in die Hand nehmen, um sie aufs Schnellste zu
ersticken. In den Augen des Publicums werden die heute
Morgen hier vorgegangenen Ereignisse weiter nichts sein
als eine einfache Zolldefraudationsgeschichte. Uebrigens wird die Vermälung des Herrn von Listrac mit Fräulein von Sergey viele böswillige Vermuthungen kurz ab-
schneiden und ich weiß, daß eine hochgestellte Person sehr
gern alles Mögliche zur Rehabilitation unseres unglücklichen Freundes beitragen wird. Seien Sie daher getrost
und ruhig.«

»Ach, Herr von P***,« sagte der General mit
Wärme, »wie viel Dank sind wir Ihnen schuldig! Sie,
das sehe ich wohl, sind es, der Alles geleitet hat, Sie
allein, der Sie auf diese Weise ohne Aufsehen und ohne
Erschütterung zu dieser eclatanten Kundgebung der Wahrheit gelangen konnten.«

»Ja, ja,« rief Leonie, »ich errieth vom ersten Augen-

blicke an, daß Herr von P*** für uns war und seine In=
tervention hatte mir die besten Hoffnungen gegeben.«

»Meiner Treu, ich gestehe,« entgegnete der hohe
Beamte mit einiger Selbstgefälligkeit, »diese verwünschte
Intrigue war eine sehr verwickelte. Sie sind mir indessen
keinen Dank schuldig. Ich gehorchte einer hohen Willens=
äußerung und Sie werden bald erfahren — Aber,« unter=
brach er sich als er Julien erblickte, der mit einem Briefe
in der Hand ins Zimmer trat, »da kommt etwas Neues,
glaube ich.«

Julien übergab den Brief dem General, der sich be=
eilte, ihn zu öffnen.

»Hm!« sagte Herr von P*** mit den Augen zwin=
kernd, »ich wollte wetten, daß dies von unserer schönen
Schmugglerin kommt.«

Sergey las rasch und saß dann einen Augenblick wie
von Schmerz überwältigt da. Endlich richtete er sich
wieder auf.

»Geh,« sagte er mit Anstrengung zu Julien, »und
laß die Postchaise anspannen. Frau von Grandville —
will abreisen — heute noch.«

»Gut,« murmelte Herr von P***, »fürchten Sie
nichts. Sie wird sich nicht zu den Carmeliterinnen bringen
lassen.«

Als er jedoch bemerkte, daß der General einen Rest
von Schwäche nicht überwinden konnte, setzte er sich neben
ihn und sprach ihm in liebreicher Weise Trost und Er=
muthigung zu.

Mittlerweile hatte Julien sich Leonien genähert und

leife mit ihr gefprochen. Fräulein von Sergey verrieth
große Aufregung.

»Herr von Liftrac,« fagte fie, »Sie könnten vielleicht
in diefem Augenblicke einigen guten Leuten, welche fich
muthig für Sie gemüht haben, von großem Nutzen fein.«

Und fie theilte ihm die Neuigkeit mit, welche fie fo
eben erfahren.

»Es genügt, mein Fräulein,« entgegnete Liftrac;
»meine Wirthin hatte mich fchon in der vergangenen Nacht
von der Möglichkeit diefer fchreienden Ungerechtigkeit unterrichtet. Mein Anfehen ift ein fehr geringes, da Sie es aber
wünfchen, fo werde ich einige Bemühungen verfuchen. Sie
erlauben mir wohl, bald wiederzukommen?«

Leonie lächelte und bot ihm die Hand.

Herr von P*** hatte fich ebenfalls erhoben.

»Wohlan, da Ihnen daran liegt, General,« hob er
an, »fo werde ich fie fprechen und mich Ihres Auftrags
entledigen. Ich werde ihr mittheilen, daß Sie ihre Schul-
den bezahlen und daß eine angemeffene Penfion — freilich riskire ich dabei meine Augen, denn fie ift ficherlich
wüthend auf mich und zwar nicht ohne Grund.«

Als er in Carolinens Zimmer treten wollte, fand er
das Gemach von erftickendem Rauche angefüllt.

»Was ift das wieder?« fragte er den unvermeidlichen
Julien, der fich fo zu fagen vervielfältigt zu haben fchien.

»Sie fteht im Begriff, den Inhalt des Ebenholz-
käftchens zu verbrennen und hätte beinahe das Haus in
Brand geftect.«

»Es ift allerdings Zeit,« murmelte Herr von P***.

Viertes Capitel.

Das Gelübde.

Während diese Dinge im Schloſſe Dupleſſis vor=
gingen, lenkten ziemlich zahlreiche Gruppen, größtentheils
aus Frauen und Kindern beſtehend, ihre Schritte nach
einem ſchattigen Wege, der ſich an dem Fluſſe Bresle
hinzog.

Dieſer Weg führte nach einem benachbarten Berge,
auf deſſen Gipfel eine ländliche Capelle ſtand. Die Zu=
ſchauer ſchienen auf etwas zu warten und ganz beſonders
war es dieſe Capelle, nach welcher ſie ihre Blicke wendeten.

Endlich öffnete ſich die Thür des kleinen Tempels in
der Ferne und mehrere Perſonen, darunter eine weiß=
gekleidete Frauengeſtalt, traten heraus. Dann ſah man ſie
langſam den Fußſteig herabkommen, der ſich auf dem
grünen, aber kahlen Abhange des Berges herabſchlängelte.

»Sie iſt es! ſie iſt es wirklich!« rief man von allen
Seiten; »endlich kommt ſie!«

»Aber, Nachbarinnen, was gibt's denn?« fragte eine
dicke Bäuerin von Mers, die zufällig auf ihrem Eſel vor=
berritt.

»Was, Ihr wißt nicht, Francine?« entgegnete eine
Fiſcherin im rothen Unterrock; »es iſt Jeanne Rupert, die
Nichte des langen Maillard. Sie thut eine Wallfahrt zum

St. Laurentius, damit der Heilige ihr ihren Onkel wieder=
gebe, von dem man glaubt, er sei ertrunken.«

»Und nun,« setzte eine Fischhändlerin hinzu, »nun
wird sie nach der Kirche von Tréport hinaufgehen und die
heilige Jungfrau der Abtei mit einem neuen Gewand be=
kleiden, damit sie ihr auch den kleinen Guignet, ihren
Bräutigam, wiederschenke, von dem man seit zwei Tagen
keine Nachricht hat.«

»Abgesehen hiervon,« fuhr eine dritte Klatschschwester
fort, »hat die arme Kleine auch für sich selbst etwas zu
bitten. Man versichert, daß der Kummer ihr ganz den
Kopf verdreht hat.«

»Hm!« entgegnete Francine, indem sie auf ihrem
ruhigen Thiere eine gedankenvolle Haltung annahm; »das
ist ein wenig viel verlangt für ein elendes Kleid! Der
heilige Laurentius ist ein großer Heiliger, und ich will ihm
durchaus nichts Schlimmes nachsagen; was die heilige
Jungfrau der Abtei betrifft, so mangelt es auch dieser
nicht an Macht, aber ich weiß nicht, ob ihr viel an einem
neuen Kleide liegt, denn sie ist nicht putzsüchtig. Ach, wenn
Jeanne ihr eine silberne Lampe geweiht hätte, oder viel=
leicht hundert Pfund Wachs, oder auch —«

»Na, man bietet, was man kann, Francine,« ent=
gegnete die Fischerin. »Ich schenkte, als meine beiden
Söhne nach Yarmouth segelten, der heiligen Jungfrau
weiter nichts als ein kleines hölzernes Boot, welches mir
der alte Cliquot, der ehemalige Schiffszimmermann, für
einen Thaler gefertigt hatte. — Doch still!« fuhr sie fort,
»da kommt die arme Kleine und man darf sie nicht ent=
muthigen.«

In der That hatte die Wahlfahrerin die Landstraße erreicht. Man sah sie unter den Schatten und Lichtstreifen einherschreiten, welche die Sonne unter den Bäumen des Weges bildete, und es dauerte nicht lange, so sah sie sich ganz nahe bei den Plaudernden.

Jeanne war, wie wir schon gesagt haben, ganz weiß gekleidet, aber ihre Kleidung besaß nicht mehr jene Eleganz und jene kokette Zusammenstellung, die man früher an ihrer niedlichen Landmädchentracht bemerkte.

Eine einfache leinene Haube vertrat die Stelle des hohen normännischen Kopfputzes und ihre kleinen nackten Füße waren von den Kieseln des Weges blutig geritzt.

Sie war sehr bleich und ging mit gesenktem Haupte, ihren Rosenkranz in der Hand haltend.

Neben ihr her schritt ihre Mutter mit in Thränen schwimmenden Augen, stützte sie zuweilen und flüsterte ihr einige Worte der Zärtlichkeit zu.

Zwei oder drei Nachbarinnen und Freundinnen folgten der Pilgerin und murmelten Gebete.

Die Neugierigen empfingen Jeanne mit Beweisen von Mitleid und Frömmigkeit. Sie traten ehrerbietig auf die Seite, um sie vorüber zu lassen; die Männer und die Knaben entblößten das Haupt, die Frauen verneigten sich und machten das Zeichen des Kreuzes. Dann folgten 'alle hinter der Pilgerin darein und der Zug, der noch fortwährend anschwoll, nahm die Richtung nach Tréport.

Bald sah man diese bunte Menge mit Jeanne an der Spitze die steile Rampe und gewundene Treppe hinaufsteigen, welche nach der alten Kirche der Abtei oben auf dem Gipfel der Strandklippe führte.

*

Die Pilgerin schwebte, an ihren glänzendweißen Gewändern erkennbar, wie eine poetische Erscheinung diese grauen Mauern entlang und zog eine zahllose Reihe von Begleitern hinter sich her.

Die Quais, die Wege, der Hafen waren mit Menschen bedeckt. Fischer kletterten an den Masten ihrer Barken in die Höhe, um besser zu sehen.

Aber Schauspieler wie Zuschauer waren die einen so schweigsam und gesammelt wie die andern; die selbst durch manche ausgestandene Angst und grausame Verluste schwergeprüften Seefahrer und ihre Familien glaubten zu fest an die Wirksamkeit einer solchen Ceremonie, als daß sie darin die geringste Ursache zu Spott zu sehen vermocht hätten.

Unter der schön gemeißelten Vorhalle der Kirche begegneten Jeanne und ihre Mutter der Witwe Guignet, die sie mit dem für das Bildniß der heiligen Jungfrau bestimmten Kleide erwartete.

Ihr Gesicht strahlte wie verklärt.

»Freue Dich, Kleine,« sagte sie eifrig, »Du kannst darauf rechnen, daß —«

»Still, kein Wort mehr, Mutter Guignet, oder ich stehe für nichts,« unterbrach sie ein Mann in bürgerlicher Tracht, welcher mit lebhaftem Interesse jede Bewegung des armen jungen Mädchens beobachtete.

Es war der Arzt von Duplessis, den Leonie beauftragt hatte, die Nichte des Küstenwächters in seine sorgfältige Behandlung zu nehmen.

»Vergeßt meine Instructionen nicht,« fuhr er mit leiser Stimme zu den beiden Müttern fort. »Die mindeste

Unklugheit kann Alles gefährden und das Uebel vielleicht unheilbar machen. Weit entfernt, der Manie dieser Unglücklichen zu widersprechen, müssen wir derselben aus allen Kräften schmeicheln. Es ist dies der einzige Weg zur unmittelbaren Heilung, den wir haben.«

Weder die eine noch die andere der beiden Frauen hatte etwas dagegen einzuwenden, sie begnügten sich, mit leiser Stimme einige Worte zu wechseln, welche auf den abgespannten Zügen der Frau Rupert ein flüchtiges Lächeln hervorriefen. Dann empfing sie aus den Händen der Witwe Guignet das Votivgewand und beide folgten in die Kirche, wohin Jeanne ihnen schon vorangegangen war.

Letztere schien in der That, ganz eben noch so wie am Abend vorher, nichts zu sehen und nichts zu hören. Sie kannte Niemanden als ihre Mutter. Dem Einflusse einer fixen Idee unterworfen, ging sie auf ihr Ziel mit der Unempfindlichkeit der Somnambule zu, welche durch Hindernisse und Gefahren hindurch einen Traum verfolgt.

Es waren schon viele Leute in der Kirche anwesend und diese füllte sich rasch, sobald die Pilgerin eingetreten war. Um den Altar der heiligen Jungfrau herum standen weißgekleidete Mädchen, deren jedes eine kleine blau und weiße Fahne in der Hand trug. Sie gehörten zur Gemeinde von Notre-Dame, deren Mitglied auch Jeanne Rupert war. Die Freundinnen und Bekannten der armen Heimgesuchten hatten ihr bei der Erfüllung ihres Gelübdes beistehen wollen. Eine von ihnen trug das Banner der Schwesterschaft, dessen Schnüre von zwei allerliebsten kleinen Mädchen gehalten wurden. Alle Wachskerzen waren angezündet; der Weihrauch dampfte und stieg in duf-

tigen Wolken zu dem Gewölbe des alten ehrwürdigen Ge=
bäudes empor.

Auf dem Altar stand die Statue, welche man mit
dem Votivgewand schmücken wollte, und ein Priester war
bereit, Jeanne's Opfergabe zu weihen.

Eine sanfte, melodische Musik ließ sich dann und
wann in dem weiten Raume des Schiffes hören und die
jungen Leute der Gemeinde sangen Hymnen zu Ehren ih=
rer Schutzgöttin.

Jeanne schien über alles dies nicht verwundert zu
sein, denn es verwirklichte ja blos ihren Traum. Nachdem
sie sich ehrfurchtsvoll mit Wasser aus dem großen steiner=
nen Weihkessel besprengt, näherte sie sich dem Altar,
ohne eines von den jungen Mädchen oder ihren andern Ge=
fährtinnen und Freundinnen zu erkennen, welche sie um=
gaben, und kniete vor dem Bilde der heiligen Jungfrau
nieder. Nach einer Weile erhob sie sich, überreichte das
Votivgewand dem Priester, der es dem Gebrauche gemäß
einsegnete, und begann hierauf die Statue mit den geweih=
ten Zierden zu bekleiden.

So einfach diese Ceremonie, das Ergebniß des nai=
ven Glaubens jenes schlichten Landvolkes, auch war, so
machte sie doch auf alle Anwesenden einen lebhaften Ein=
druck, und als sie sich ihrem Ende näherte, hörte man unter
der Menge ein leichtes Erbeben, auf welches sofort tiefes
Schweigen folgte.

Jeanne selbst gerieth in sichtbare Aufregung. Ihre
nackten Füße zitterten unter ihr und man sah wie ihre
Finger krampfhaft bebten. Sie schien jetzt die Beute einer
fieberhaften Ungeduld zu sein.

Nachdem sie ihre Aufgabe, so gut als sie vermochte, erfüllt, warf sie sich zum letzten Male vor dem Bilde nieder, dann drehte sie sich herum.

Ein durchbohrender Schrei hallte mitten durch das Schweigen der Versammlung und ward von dem Echo der Kirche zurückgegeben.

An der untersten Stufe des Altars, neben ihrer Mutter und der Witwe Guignet, sah Jeanne zwei Männer knieen, welche ihr zulächelten und die Arme nach ihr ausbreiteten.

Es waren Maillard und Neufundländer, der eine in seiner Zollofficianten-Uniform, der andere in seinem Matrosencostüm.

Der Traum des armen Mädchens fuhr fort sich zu verwirklichen. Ganz wie sie sich in ihrem Wahnsinn eingebildet, fand sie am Fuße des Altars der heiligen Jungfrau die Personen wieder, von welchen sie glaubte, sie lägen tief im Ocean begraben.

»Mein Onkel Maillard, mein lieber Louis, seid Ihr es wirklich? Ich danke Dir, heilige Jungfrau, Du gibst mir sie wieder.«

Sie taumelte und sank ohnmächtig in die Arme ihrer Freunde, welche auf sie zueilten, um sie zu stützen.

Einige Augenblicke lang herrschte eine unaussprechliche Verwirrung um sie herum. Einige, die in diesem Ereigniß eine übernatürliche Einwirkung sahen, schrien Mirakel, während Andere, die schwergläubiger oder von der Wahrheit besser unterrichtet waren, verächtlich lächelten.

Man beeilte sich, Jeanne Beistand zu leisten und der

Arzt, den wir schon unter der Vorhalle der Kirche gesehen haben, widmete ihr seine unausgesetzte Aufmerksamkeit.

»Ach, Herr Doctor,« sagte die arme Rupert, indem sie auf ihre niedergesunkene regungslose Tochter zeigte, »ist es dies, was Sie mir versprochen hatten?«

»Fasset Muth, Frau Rupert,« entgegnete der Arzt mit Zuversicht; »meine Cur ist mir, hoffe ich, vollständig gelungen. Jeanne hat ihren Onkel und ihren Verlobten wieder erkannt, obschon sie seit zwei Tagen Niemanden erkannte. Beunruhigt Euch daher deswegen nicht. Es ist die entscheidende Krisis und ich glaube, daß sie zum Guten ausschlagen wird.«

In der That war auch Jeanne's Ohnmacht nicht von langer Dauer. Die Pilgerin schlug die Augen wieder auf und ließ sie anfangs mit scheuer Miene über den Altar, über das Bildniß der Jungfrau und über die imposante Ceremonie, die sie umgab, hinwegschweifen, als ob sie, aus einem tiefen Schlafe erwachend, bemüht wäre, ihre Erinnerungen zu sammeln. Bald aber wendete ihr Blick sich auf Maillard und Neufundländer, welche über sie geneigt ihre geringsten Bewegungen mit ängstlicher Spannung beobachteten. Sie erkannte sie abermals und da sie noch nicht mit ihnen sprechen konnte, so richtete sie ein mattes Lächeln an sie.

»Sagte ich es Euch nicht?« rief der Arzt hoch erfreut, »nun stehe ich für sie!«

Die Ceremonie war beendet, und die Menge verlief sich langsam. Mutter Francine, welche von Neugier getrieben ihren Esel der Obhut eines Gassenbuben überlas-

en hatte, während sie sich ebenfalls in die Kirche begab,
nurmelte, als sie wieder nach dem Hafen hinabging:

»Meiner Treu, die heilige Jungfrau der Abtei hat
hre Sache gut gemacht, obschon der heilige Laurentius ihr
ohne Zweifel ein wenig geholfen hat. Drei Wunder für
in Spitzenkleid! Wenn ich künftig eine Kerze zu widmen
jabe, weiß ich, an wen ich mich wenden muß. Aber dennoch hatte ich Recht, als ich sagte, daß die heilige Jungfrau nicht putzsüchtig ist. Sie hat Jeanne's Bitten alle
rhört, während diese ihr doch das Kleid ganz schief ange-
ogen hat.«

Der Leser erräth ohne Mühe, was geschehen war,
ind hat sicherlich begriffen, daß, wenn diesen Ereignissen
ein Wunder zum Grunde lag, dieses Wunder nicht in dem
plötzlichen Erscheinen Neufundländer's und Maillard's am
Fuße des Altars der heiligen Jungfrau bestand.

Beide waren, nachdem sie sich kaum erst von den
überstandenen Gefahren erholt, am Morgen in Tréport
angelangt, weil sie es nicht erwarten konnten, ihre Fami-
ien wiederzusehen. Von Mutter Guignet aber von dem
verhängnißvollen Gemüthszustande unterrichtet, in welchen
die Nachricht von ihrem Tode die unglückliche Jeanne ver-
setzt, hatten sie sich gern in alle Forderungen des Doctors
gefügt, und, in der Kirche versteckt, den günstigen Augenblick abgewartet, um sich zu zeigen.

Man kann sich leicht die unendliche Freude denken,
welche erstens Maillard und Louis Guignet und dann die
beiden Mütter empfanden, welche so grausame Angst zu erdul-
den gehabt, ehe sie bei der glücklichen Gegenwart anlangten.

Maillard war jedoch ruhig. Er bemühte sich, seiner

Nichte und seiner Schwester zu erzählen, wie er hierher
gekommen sei, aber man unterbrach ihn unaufhörlich und
er mußte daher immer wieder von vorn anfangen.

Neufundländer dagegen geberdete sich wie ein Wahn=
sinniger. Er lachte, er hüpfte, er lief von seiner Mutter
zu Jeanne und schwatzte unzusammenhängende Worte.

Jeanne ihrerseits war auch noch nicht in ihrer gewöhnli=
chen Gemüthsverfassung. Ihre Auffassungsgabe hatte noch
nicht ihre Bestimmtheit wiedergewonnen und sie schien noch
nicht recht zu begreifen, was man ihr sagte. Sie sah aber
ihren Onkel, sie sah ihren Verlobten und ein glückseliges
Lächeln umspielte ihre Lippen.

Um diese Hauptpersonen herum bewegte sich anfangs
der Doctor, der sich zum vollständigen Erfolge seiner Cur
Glück zu wünschen schien, dann Leonard Cabillot, welcher
vor Freude weinte, als er Neufundländer umarmte, dann
der Schiffsjunge vom „Saint=Charles«.

Alle zusammen bildeten aufgeregte Gruppen, welche
aus verschiedenen Beweggründen und in verschiedenen
Graden gemeinsame Befriedigung empfanden.

Endlich bemerkten diese glücklichen Menschen, daß die
Kirche nicht der passendste Ort war, um sich ihrem Ent=
zücken hinzugeben, und man fing an sich zu entfernen.

Jeanne, die mittlerweile sich körperlich so ziemlich
wieder erholt und schon förmlich rothe Wangen bekommen
hatte, stützte sich auf ihren Onkel und auf ihre Mutter.
Neufundländer ging neben der seinigen her, die ihn, wie
man zu sagen pflegt, mit ihren Liebkosungen fast toll
machte.

Die Anderen folgten lebhaft plaudernd, als man

iber die Vorhalle der Kirche erreichte, gewann der Auf=
ritt plötzlich ein anderes Ansehen.

Hier standen nämlich vier bewaffnete Zollwächter
inter dem Commando des Brigadiers Martin. Mitten un=
er der allgemeinen Freude bewahrten sie eine schroffe,
)rohende Miene und sobald als Maillard erschien, ver=
perrten sie ihm den Weg.

»Unterbrigadier Maillard,« sagte Martin in hartem
Tone, »Ihr werdet uns auf die Douane folgen.«

»Was sagt Ihr, Brigadier?« entgegnete Maillard
nit seiner gewohnten Gutmüthigkeit; »ich bin erst seit
:inigen Minuten in Tréport und stand ohnehin im Begriff,
nich auf die Douane zu begeben, um meinem Vorgesetzten
)ie Ursache meiner Abwesenheit zu erklären, aber ich hielt
:8 nicht für nothwendig, mich in so zahlreicher Begleitung
)ahin zu verfügen. Betrachtet man mich vielleicht als De=
'erteur?«

»Nicht daß ich wüßte, aber es liegt ein Rapport ge=
zen Euch vor und man klagt Euch der Schmuggelei und
)es Diebstahls an.«

»Der Schmuggelei! des Diebstahls!« wiederholte
Maillard ganz erstaunt; »mich, den ältesten und bestre=
nommirten aller Unterbrigadiers an der ganzen Küste?
Ihr macht Euch wohl einen Scherz mit mir, Herr Martin?«

»Wisset, mein Herr, daß ich mir niemals einen
Scherz mache, wenn es gilt, einen Befehl auszuführen. Ich
)in zu gut gegen Euch gewesen, mein Herr, indem ich mir
eure Vertraulichkeiten gefallen ließ, aber ich werde meinen
Rang zu behaupten wissen. Also, werdet Ihr uns folgen
oder nicht?«

„Einem Befehle meiner Vorgeſetzten bin ich niem
ungehorſam geweſen,“ entgegnete Maillard einfach, „
werde heute auch nicht erſt damit anfangen. Aber in
That, Brigadier, je mehr ich darüber nachdenke, deſto m
ſcheint es mir, als könne dieſe furchtbare Anklage n
ernſt gemeint ſein. Ihr habt immer einen Groll ge
mich gehabt, trotz meiner Bemühungen, Euch zufrieden
ſtellen, aber mich des Betrugs und des Diebſtahls ſchul
zu glauben — •

„Ihr wagt eine Sache, die ſo klar und erwieſen
abzuläugnen?“ rief Martin. „Wenn Ihr ſo unſchul
wäret, wie Ihr behauptet, woher käme dann das St
Mechelner Spitzen, die ich geſtern Abend in eurer W
nung geſehen habe? Wer an der Wahrheit dieſer Erkl
rung zweifelt, braucht nur in die Kirche zu treten und d
Spitzenkleid zu beſichtigen, welches Jeanne, eure Nich
ſoeben der heiligen Jungfrau geſchenkt hat. Dieſe Spi
rühren von den in der Douane geſtohlenen Waaren he

Als Maillard auf dieſe Weiſe hörte, worauf die
gen ihn erhobene Anklage ſich ſtützte, war er wie v
Donner gerührt und ſchwieg.

Dies geſchah, wie wir bereits bemerkt, unter der V
halle der Kirche, an welche auf der einen Seite die ſt
nach dem Hafen hinabführende Treppe und auf der and
eine nach der obern Stadt gehende ſteinigte Gaſſe ſtieß.

Man hatte in dieſem ſchmalen Raume Mühe, ſich
bewegen, dennoch aber begannen die Neugierigen von b
den Seiten zugleich zurückzuſtrömen. Die Neuigkeit, d
Maillard als des Unterſchleifs angeklagter Beamter feſt
nommen worden, hatte ſich unter der Menge raſch verbr

und die Zuschauer kehrten mit haftiger Neugier wie=
r um.

Mitten unter dem wieder ſtärker werdenden Geräuſch,
job ſich klar und deutlich Neufundländer's Stimme:

»Es iſt nicht nöthig, Herrn Maillard wegen dieſes.
:nden Stückes Spitzen zu quälen,« rief er. »Ich bin es,
allein, der ſie auf der Douane genommen hat — an
m Tage, wo ich auf eure Einladung dort eintrat, Briga=
:er Martin. Ich wollte Jeanne, meiner Verlobten, ein
:ines Geſchenk machen und hatte nicht gehörig überlegt,
:e wichtig —«

»Nein, nein,« rief Jeanne ihrerſeits. »Herr Martin,
ſchuldigen Sie dieſer ſchlechten That Niemanden als mich.
:eder mein Onkel noch Louis waren derſelben fähig. Als
: dieſe ſchönen Dinge in Ihrem Zimmer ſah, verlor ich
n Kopf und meine verwünſchte Putzſucht trieb mich, et=
as Unrechtes zu begehen. Ich hoffte meine Schuld da=
:rch zu büßen, daß ich der heiligen Jungfrau die Frucht
eines Diebſtahls weihte. Aber Gott ſtraft mich in dem
ugenblick, wo ich am meiſten auf ſeine Barmherzigkeit
:hlte.«

Martin, der, wie wir ſchon geſagt haben, mehr
hwachſinnig als boshaft und eiferſüchtig war, riß die
:ugen nicht wenig auf.

»Na,« rief er, »das iſt wieder eine Sache, von der
h nichts begreife. Ich ſuche einen Delinquenten und finde
eren drei. Ich glaube aber, man will mich hinter's Licht
:ihren, und damit iſt es bei mir nichts. Die Spitzen ſind
ei Maillard gefunden worden, Maillard iſt in dem Rap=
:ort genannt und Maillard muß mit mir gehen.«

Mit diesen Worten legte er die Hand an den Kragen des Unterbrigadiers. Der wackere Mann erröthete über diese Schmach und trat einen Schritt zurück. Dennoch antwortete er in sanftem Tone:

»Ich habe Euch schon gesagt, Martin, daß ich den Befehle meiner Chefs mich niemals widersetzt habe. Ich bin bereit.«

Und er stellte sich selbst in die Mitte seiner vier Cameraden, welche den Auftrag hatten, ihn zur Haft zu bringen.

Als die Umstehenden Maillard auf diese Weise als Gefangenen sahen, erhoben sie ein nachdrückliches Geschrei, aber keiner protestirte auf so geräuschvolle Weise wie Leonard Cabillot.

»Es ist eine Schande,« rief er. »Ich werde es nicht dulden, sondern, wenn es sein muß, die Wahrheit sagen. — Und warum sollte ich sie nicht sagen?« fuhr er immer hitziger werdend fort. »Die Anderen sind fort; mein Vater hat sein Geld mitgenommen und wird nach England gesegelt sein, von wo er ohne Zweifel niemals zurückkommen wird. Er hat mich mit der armen Suzette allein hier zurückgelassen und ich gefährde blos mich, indem ich Alles gestehe. Wohlan denn, ich will nichts mehr verschweigen. In der Nacht jenes Sturmes —«

Jemand zupfte ihn an seinen Kleidern.

»Still, Leonard, bist Du von Sinnen?« raunte Neufundländer ihm zu. »Du stürzest Dich auf ganz unnöthige Weise in's Verderben.«

»Schweigt, mein Sohn,« sagte Maillard seinerseits, indem er ihm einen Wink gab. »Ich erinnere mich, daß in

der Nacht, von der Ihr sprechet, eine unbekannte Hand
mich verstohlen zurückhielt, als so viele andere Hände nach
entgegengesetzter Richtung hin thätig waren, und ich habe
mir vorgenommen, den Mann, dem ich diese menschen freund=
liche, aber vergebliche Hilfe verdankte, zu schonen. Diese Hand
war die eurige, Leonard, und seit jener Zeit that eure An=
hänglichkeit an Neufundländer — eure Aufopferung —
mit einem Worte, beruhigt Euch — von uns wird man
die Ereignisse jener furchtbaren Nacht niemals erfahren.«

Leonard ward von dieser Großmuth vollkommen
betäubt.

»Ach, mein Gott!« murmelte er in Thränen aus=
brechend, »wie gut und edelmüthig doch diese Leute sind,
während daß ich —«

Maillard wendete sich gegen die Zuschauer und sagte
in seinem wehmüthig wohlwollenden Tone:

»Ich bin unschuldig an dem Verbrechen, dessen man
mich anklagt, und es wird mir keine Mühe kosten, mich
deswegen zu rechtfertigen. Es sind aber Fehler begangen
worden und Gott hat mich vielleicht ausersehen, um Per=
sonen, die mir theuer sind, zum Beispiel und zur Züchti=
gung zu dienen. Lieber will ich, daß dem so sei, denn sein
Zorn hätte auch Schwächere und weniger Muthige treffen
können. Also vorwärts, Cameraden! Dennoch hatte ich von
Euch einen ganz anderen Empfang erwartet.«

»Ja, ja — es ist nun genug geschwatzt — vorwärts,«
hob Martin ungeduldig wieder an.

Der Gefangene entfernte sich schon troß der Klagen
der Einen und der Verwünschungen der Anderen. Selbst
die einfachen Zuschauer waren empört über die Gewalt=

thätigkeit des Verfahrens gegen einen ehrlichen, allgemein geachteten Mann und ein mißbilligendes Murren begann unter der Menge zu grollen.

Martin wußte nicht recht, ob es ihm vergönnt sein würde, sich seiner Aufgabe vollends zu entledigen und er warf unruhige Blicke um sich her, als plötzlich die dicht-gedrängten Reihen der Zuschauer sich nach der Stadt hin öffneten und eine gebieterische Stimme rief:

»Halt — einen Augenblick, Brigadier — einen Augen-blick, Ihr seid zu eifrig!«

Ein Oberofficiant der Douane erschien unter der Vor-halle der Kirche, hinter ihm zeigte sich Listrac und der Capitän vom »Saint-Charles«. Im Hintergrund gewahrte man das feine, spöttische Gesicht des Herrn von P***, der aber, die Hände in den Taschen seines Paletots, mit affectirt gleichgiltiger Miene rechts und links schaute.

Martin war auf den ersten Ruf des Oberofficianten stehen geblieben und hatte seinen Leuten ebenfalls Halt ge-boten. Ohne Zweifel war er sich bewußt, daß er in seinem Ver-fahren sich nicht vollkommen an seine Instruction gebunden hatte, denn er ließ sein stolz gebieterisches Wesen sofort fallen und begrüßte seinen Vorgesetzten mit einer Ehrerbietung, die an Erschrecken grenzte.

»Was ist das, Herr Brigadier?« fragte der Officiant in strengem Tone; »was bedeutet das Aergerniß, welches Sie hier einer ganzen Bevölkerung geben? Kraft welcher Befehle verhaften Sie auf diese Weise einen Officianten, welcher in seinem Dienste stets Eifer und Aufopferung be-wiesen, und zwar gerade in dem Augenblick, wo er mit Gefahr seines Lebens eine glänzende That vollbracht hat?«

„Mein Commandant," stammelte Martin in tödt-
licher Verlegenheit, „Maillard ist mein Untergebener und
da mein Rapport gegen ihn eingereicht worden ist, so habe
ich es für meine Pflicht gehalten, nachdem ich die Meinung
des Lieutenants angehört —"

„Ein Rapport! Das lächerliche Gekritzel wegen
einiger von einem geisteskranken Mädchen entwendeten
Ellen Spitzen nennen Sie einen Rapport? Darnach lag
höchstens Grund zu einem leichten Verweise vor, aber
keineswegs genügende Ursache, einem Cameraden auf
schimpfliche Weise zu begegnen. Sie haben Ihre Uniform
entehrt, mein Herr, indem Sie Ihrer Eifersucht und Ihrem
persönlichen Groll gegen den wackern Unterbrigadier
Maillard Gehör schenkten. Sie werden dafür vor dem
Conseil Rede stehen und der Lieutenant, der Ihnen diesen
Mißbrauch Ihrer Amtsgewalt angerathen hat, wird sich
ebenfalls für seine strafbare Zustimmung zu rechtfertigen
haben. Treten Sie ab, Maillard," fuhr er zu dem Unterbrigadier gewendet fort. „Ich gebe Ihnen acht Tage Ur-
laub, damit Sie sich bei Ihrer Familie von den Strapazen
und Gefahren erholen können, welchen Sie in der letzten
Zeit ausgesetzt gewesen sind."

Diese unerwartete Wendung ward von den Bethei-
ligten mit lauten Freudenbezeigungen aufgenommen.
Martin entfernte sich gedemüthigt und verwirrt so schnell
als möglich, während Maillard, der sich nun wieder frei
sah, sich dem Oberofficianten näherte und mit seiner heitern
Gutmüthigkeit, militärisch salutirend, sagte:

„Ich danke, mein Commandant. Ich wußte wohl.

daß ich die Douane weder betrogen noch bestohlen hatte und ich vertraute auf meine Unschuld.«

Der Commandant gab keine Antwort. Er beobachtet verstohlen Herrn von P***, als ob er von ihm ein Zeichen des Beifalls erwartet hätte. Herr von P*** schien aber entschlossen, sich nicht in diese Angelegenheit zu mischen wenigstens nicht anscheinend. Die Hände immer noch in den Taschen seines Paletots und die Augen emporgerichtet that er als ob er aufmerksam die schöne Bildhauerarbeit betrachtete, welche die Vorhalle der Kirche schmückte.

Der Oberofficiant nahm diese Zerstreutheit nicht übel. Er grüßte höflich und entfernte sich

Mittlerweile hatte Neufundländer, nachdem er sich von seinem ersten Eindruck der Ueberraschung und Freude. als er die seinem Freunde Maillard gewährte eclatante Genugthuung sah, erholt, sich durch die Menge hindurch gedrängt, um sich Listrac zu nähern, und ihm liebreich die Hand geboten.

»Ach, Herr Réné,« sagte er zu ihm, »sind Sie es wirklich? Ich vermuthe, daß Sie einen bedeutenden An theil an dem Beistande haben, welcher dem armen Mail lard und mir so eben zu so gelegener Zeit geleistet worden ist. Nichtsdestoweniger schienen Sie, als ich Sie vor nicht langer Zeit verließ, nicht wohl im Stande zu sein, anderen Leuten beizustehen.«

»Die Umstände haben sich schnell und plötzlich geän dert, mein junger Freund,« entgegnete Listrac lächelnd.

Und er theilte Neufundländer mit, wie er von seiner gegenwärtigen Bedrängniß Kenntniß erhalten hatte.

In der vergangenen Nacht hatten nämlich Mutter

Guignet und der Schiffsjunge vom „Saint-Charles" dem ehemaligen Marinelieutenant erzählt, daß Maillard und Neufundländer mit dem Schiff, welches letzterer durch seinen
Heldenmuth gerettet, in Dieppe angelangt waren.

Mutter Guignet hatte nicht verfehlt, von der unter
ihren Augen bei Frau Rupert durch den Brigadier Martin
vorgenommenen Haussuchung zu sprechen, sowie von der
Besorgniß, welche die Erbitterung des Brigadiers gegen
Maillard und vielleicht gegen Neufundländer ihr einflößte.

Auch hatte Listrac, als er einen Augenblick vorher
von Fräulein von Sergey erfuhr, daß man sich anschickte,
Maillard festzunehmen, gefürchtet, daß Neufundländer
ebenfalls bei dieser Angelegenheit betheiligt sei. Deshalb
hatte er es über sich vermocht, seine liebenswürdige Braut
und den General zu derselben Stunde zu verlassen, wo er
sich durch die engsten Bande mit ihnen vereinigt sah, um
dem unvorsichtigen jungen Mann, den er in Gefahr glaubte,
zu Hilfe zu kommen.

Als er aus dem Schloß heraustrat, begegnete er
Herrn von P***, der, nachdem er sich seines Auftrags bei
Frau von Grandville kurz entledigt, sich hinwegbegeben
wollte, und es war ihm gelungen, diese einflußreiche Per-
sönlichkeit für das Schicksal seiner Schützlinge zu interessiren.

Herr von P*** hatte, trotz seines Widerwillens gegen
die Angelegenheiten des Fiscus, sich dazu verstanden, in
officiöser Weise zu interveniren, und beide hatten sich nach
der Douane in Tréport begeben.

Vor dieser hielt eine seit wenigen Augenblicken ange-
kommene Postchaise. Aus derselben waren der Capitän
vom „Saint-Charles" und der Oberbeamte gestiegen,

welcher das Marinedepartement der Douane zu befehligen hatte.

Der Capitán hatte nämlich erfahren, daß das Meer an der Küste von Tréport einen Theil des Takelwerkes und mehrere Tonnen und Fässer von seiner Ladung, die er während des Sturmes der Rettung des Schiffes hatte opfern müssen, ausgeworfen hatte, und er kam nun, um sie zu reclamiren, nachdem er seinem Lieutenant die Sorge übertragen, in Dieppe die von dem »Saint=Charles« erlitte= nen Beschädigungen ausbessern zu lassen.

Der Commandant der Douane, der zufällig ein spe= cieller Freund von ihm war, hatte sich erboten, ihn zu be= gleiten, um seine Reclamation zu unterstützen.

Beide waren, als sie sich auf der Douane nach Mail= lard und Neufundländer erkundigten, von der bevorstehen= den Verhaftung des armen Unterbrigadiers unterrichtet worden. Der Commandant hatte sich sofort über diese An= gelegenheit das Nähere mittheilen lassen, und war mit sei= ner Untersuchung noch nicht ganz fertig, als Liftrac und Herr von P*** erschienen.

Vielleicht waren die Vorstellungen Liftrac's und des Capitáns vom »Saint=Charles« nicht ohne Einfluß auf die Art und Weise, auf welche der Oberbeamte die Frage auf= faßte, vielleicht trugen auch einige Worte von Herrn von P***, dessen mächtigen Einfluß bei Hofe alle Welt kannte, dazu bei, Maillard's Sache in ein besseres Licht zu stellen, und übrigens war es auch augenscheinlich, daß der Unter= brigadier das Opfer des eifersüchtigen Grolles eines Ne= benbuhlers war.

Der Commandant gerieth daher in heftigen Zorn

und wollte auf der Stelle selbst den Uebergriffen Einhalt
thun, welche eben im Gange waren. Maillard's Beschützer
waren ihm gefolgt und wir haben gesehen, wie sie gerade
noch zeitlich genug kamen, um den ungerechtfertigten Chicanen Martin's ein Ziel zu setzen.

Es versteht sich, daß Listrac alle diese Einzelheiten
seinem Freunde Neufundländer nur summarisch mittheilte,
und er benutzte die unter den Anwesenden herrschende Aufregung, um in gedämpftem Tone hinzuzusetzen:

»Ich muß Euch gestehen, mein lieber Louis, daß ich
zu euren Gunsten vermittelt habe, ohne noch recht überzeugt zu sein, ob Ihr nicht abermals einen Fehler begangen habt, welcher eigentlich keine Schonung oder Nachsicht
verdient. Ich verstehe diese letzteren Ereignisse nicht, aber
die Worte: »Contrebande und Diebstahl,« welche man um
uns herum ausspricht, sind wohl geeignet, mein Mißtrauen zu erwecken. Nicht wahr, Ihr werdet mir die ganze
Wahrheit sagen? Und mittlerweile gebt Ihr mir wohl
euer Wort darauf, daß Ihr seit unserer letzten Unterredung keine neue strafbare That begangen habt?«

»Ich gebe es Ihnen, Herr Réné,« entgegnete Neufundländer in demselben Tone und mit tiefer Bewegung.
»Ja, ich schwöre Ihnen, seitdem Sie jene guten Worte
an mich gerichtet haben, die mir das Herz erwärmten,
habe ich nur gethan, was recht und ehrenwerth ist. Sie
brauchen nichts mehr zu fürchten, Herr Réné; die Augen
sind mir nun geöffnet, mein Entschluß ist gefaßt. Mit
Schmuggelei und Schmugglern mag ich nichts mehr zu
thun haben. Uebrigens sind Cabillot und die Anderen auch
fort, und man weiß nicht im mindesten, was aus ihnen

geworden ist. Künftighin wird man als ehrlicher Mann leben und, um damit anzufangen, bin ich entschlossen, mit meinem Gelde jenes Stück Spitzen zu bezahlen, welches die arme Jeanne der heiligen Jungfrau geschenkt hat. Dann kann Niemand mehr etwas dagegen sagen. Noch einmal, beruhigen Sie sich. Ihnen werde ich die Wahrheit erzählen, denn ich will Ihnen nichts verhehlen, und Sie werden sehen, daß ich mich schon bemüht habe, meine früheren Thorheiten wieder gut zu machen. Sogar meine Mutter scheint, wenn ich den Worten, die sie, als sie mich wieder sah, aussprach, glauben darf, vom Schmuggelhandel nun genug zu haben, und trotz ihrer Liebe zum Gelde wird sie mich nicht mehr der Gefahr aussetzen wollen —«

Neufundländer ward durch eine Menge laute Stimmen unterbrochen.

Die Blicke hefteten sich auf ihn und er schien der Gegenstand allgemeiner Aufmerksamkeit zu sein.

»Alle hier anwesenden wackeren Seeleute mögen wissen,« rief der Capitän des »Saint-Charles« mit Wärme, »daß ich die Rettung meines Schiffes, meiner Ladung und meiner Mannschaft dem jungen Louis Guignet, genannt Neufundländer, verdanke, der uns mit so vieler Unerschrockenheit mitten durch die Klippe der grünen Stiege gelootset hat und später in's Meer gesprungen ist, um ein Leck zu verstopfen, während der Sturm noch in seiner vollen Wuth tobte. Dieser brave junge Mann hat für unsere Rettung gearbeitet, als ob er ein zehnfaches Leben auf's Spiel zu setzen hätte. In dem Augenblick, wo er mit seinem Freund, dem Küstenwächter Maillard, geschwommen kam, waren wir so gut wie verloren und es war uns bis dahin nichts übrig geblieben, als unsere Seelen Gott zu empfehlen.«

»Hm!« sagte Neufundländer leise, »unser Besuch auf dem „Saint=Charles" war vielleicht kein freiwilliger, aber was da! man muß das Compliment einstecken, wie es uns zufällt.«

»Deshalb,« fuhr der Capitän fort, indem er Neufund= länder vor Aller Augen umarmte, »deshalb sind wir, ich und dieser wackere Jüngling, fortan Freunde auf Leben und Tod. Ich habe schon meinen Bericht an die Behörde erstattet und unser Retter wird ohne Zweifel bald eine öffentliche Belohnung erhalten. Bis dahin kann er auf die Dankbarkeit der Schiffseigenthümer und die meinige rechnen.«

Ein lautes, von den Seeleuten ausgebrachtes Hurrah begrüßte diese Lobrede auf ihren Cameraden.

»Man weiß noch nicht Alles,« hob Maillard, der den allgemeinen Enthusiasmus theilte, seinerseits an, »und Niemand hat gegen diesen muthigen Jüngling größere Verbindlichkeiten als ich. Er hat mich mitten unter jenem furchtbaren Sturm im Wasser festgehalten und ohne seine ungeheure Aufopferung und Anstrengung —«

»Still, still, Onkel Maillard,« stammelte Neufund= länder, mit den Augen blinzelnd. »Wenn ich etwas Gutes gethan habe, so habe ich auch Schlechtes gethan und wenn es um und um kommt, so wiegt sich Alles gegenseitig auf. Das Beste ist, von dieser Sache so wenig als möglich zu sprechen, seht Ihr —«

Er konnte nichts weiter sagen. Er ward gleichsam erstickt durch die Umarmungen seiner Mutter, seiner Braut, feiner Cameraden. Die Seeleute erhoben einen abermaligen betäubenden Beifallruf und klatschten in die Hände. Die Quais, der Hafen und sogar der ferne Meeresstrand hallten wieder von einem unermeßlichen Freudenrufe, der durch das Echo der hohen Felsenküste zurückgegeben ward.

Neufundländer und Maillard wurden von ihren Verwandten und von einer großen Anzahl Nachbarn und Freunde, die gleichsam ein Ehrengefolge bildeten, bis an das Haus der Mutter Guignet zurückbegleitet.

Herr von P*** und Listrac nahmen ihrerseits Arm in Arm die Richtung nach der Straße von Eu, wo an einer gewissen Stelle das Cabriolet des Herrn von P*** ihn gewöhnlich erwartete. Während sie noch freundschaftlich und leise mit einander plauderten, hörten sie hinter sich ein lautes Wagengeraffel, Peitschengeknall und Hufschläge.

Es war ein Postwagen, der wie der Blitz vorüberfuhr, ohne Rücksicht auf die zahlreichen Fußgänger, die noch hier und da auf der Straße einherwandelten.

Plötzlich bewog ein durchbohrender Schrei — ein Schrei der Ueberraschung und Wuth — die beiden Herren, die Köpfe emporzurichten.

An dem Schlage des Wagens zeigte sich ein in einem reizenden Reisecapot eingerahmtes Frauengesicht — es war das der Frau von Grandville.

Ohne Zweifel war die anscheinende intime Freundschaft, die zwischen den beiden Spaziergängern herrschte, für die schöne Caroline eine Offenbarung gewesen. Sie begriff nun endlich das geheime Bündniß. Dennoch war der Schmerz ihrer Enttäuschung nicht von langer Dauer, oder wenigstens wechselte sie rasch den Ausdruck desselben.

Als sie an den beiden Herren vorüberfuhr, warf sie ihnen einen spöttischen Blick zu und schlug ein lautes Gelächter auf, dessen silberne Scala sich in dem Getöse verlor.

»Da sehen Sie,« sagte Herr von P*** die Achsel zuckend; »glaube Einer doch an Reue und Gewissensbisse!«

Am nächstfolgenden Tage war Empfang im königlichen Schlosse. In einem großen, mit den Bildnissen der alten Grafen von Eu geschmückten Salon bewegte sich eine glänzende Menge von hohen Staatsbeamten und Officieren der Armee und der Flotte in großer Uniform. Man plauderte nur mit halber Stimme. Die Versammlung schien zu warten und die Blicke wendeten sich von Zeit zu Zeit nach einer von einem Kammerhusaren bewachten Flügelthür.

Endlich gab sich eine gewisse Aufregung unter diesen ernsten Personen kund und Alle verneigten sich.

Während die Hauptthür hartnäckig verschlossen blieb, hatte sich eine in dem Wandgetäfel versteckte Seitenthür geöffnet und der Prinz, den wir schon kennen, trat, von Listrac und Herrn von P*** gefolgt, ein.

Er grüßte die Anwesenden mit freundlicher Miene, nahm dann Listrac bei der Hand und sagte mit Würde:

»Ich erkläre, meine Herren, daß die öffentliche Meinung in Bezug auf den hier anwesenden Marinelieutenant, Herrn Grafen René von Listrac, getäuscht worden ist. Ich habe die persönliche Ueberzeugung gewonnen, daß Herr von Listrac niemals aufgehört hat, ein Ehrenmann zu sein und daß die in Bezug auf ihn verbreiteten Verleumdungen keinen Grund hatten. Demzufolge nimmt er von dem heutigen Tage an seinen Rang und seinen Grad in der Ma- .

rine wieder ein und ich bürge dafür, daß er die Pflichten desselben mit Muth und Gewissenhaftigkeit erfüllen wird.«

Eine große Anzahl Hände näherte sich, um die Listrac's zu drücken. Die Thränen standen ihm in den Augen und er sagte in innigem Tone zu dem Prinzen:

»Ach, Monseigneur, welche Rechtfertigung käme diesen einfachen Worten aus Ihrem Munde gleich. Ich erliege der Last meiner Verpflichtungen gegen Ihre Hoheit, und frage mich, wie ich mich jemals werde dafür dankbar beweisen können.«

»Dadurch, daß Sie Ihrem Vaterlande so dienen, wie Sie ihm bisher gedient haben, Herr von Listrac. Aber,« setzte der Prinz in verändertem Tone hinzu, »nicht mir sind Sie Dankbarkeit schuldig, sondern vielmehr diesem vortrefflichen P***, dessen Scharfsinn allein das Räthsel Ihrer Rechtfertigung errathen konnte. Wie ich höre, ist er dabei eigenthümlichen Versuchungen ausgesetzt gewesen. Ich frage Sie, mein lieber von P***,« fuhr er fort, indem er sich mit jovialer Miene zu dem gewandten Juristen wendete, »was verlangen Sie für die guten Dienste, die Sie Herrn von Listrac und mir geleistet haben?«

»Einen Tugendpreis, Monseigneur,« antwortete P***, ohne zu zögern.

———

Epilog.

Ungefähr acht Monate waren vergangen und während dieses Zeitraums waren mit den Hauptpersonen unserer Geschichte viele Veränderungen vorgegangen.

Der General von Sergey war vor Kurzem gestorben, nachdem er die Vermälung seiner theuren Leonie mit Listrac gesegnet, nachdem er der glänzenden Zukunft entgegengelächelt, welche sie beide erwartete. Dennoch hatte Listrac, der wieder in den Dienst eingetreten war, sich in die peinlichen Forderungen seines Berufes fügen müssen. Seine junge Frau im Schooße seiner Familie, welche im Mittelpunkte Frankreichs wohnte, zurücklassend, war er auf einem Staatsschiffe abgereist, um eine Mission in den Gewässern der Levante zu erfüllen. Der Grad eines Corvettencapitäns war ihm für seine Rückkehr versprochen und seine persönlichen Verdienste und die Gunst des Prinzen erlaubten ihm, zu hoffen, daß es dabei für die Zukunft noch nicht sein Bewenden haben würde.

Neufundländer war ein verhältnißmäßig nicht weniger glänzendes Schicksal beschieden.

Mit scharfem Verstande begabt und übrigens von Listrac begünstigt, hatte er sich als Küstenbootmeister aufnehmen lassen. Noch an demselben Tage, wo er diesen Titel bekam, ward er Eigenthümer und Commandant eines allerliebsten Schiffes von etwa hundert Tonnen, mit welchem er

einen einträglichen Handel längs der Küsten des Canal
unternahm.

Dies Schiff war ein Geschenk der Eigenthümer des
„Saint=Charles" und Listrac's, welcher während seines
Aufenthalts in Duplessis die Ausrüstung selbst überwachte.

Im Hintertheile des Schiffes befand sich eine nette
Cajüte, die sehr hübsch möblirt und behaglich genug war,
um einer jungen Frau, Tochter und Gattin von Seeleuten,
alle Bequemlichkeiten zu bieten. Auch hatte Jeanne nicht
gezögert, sich mit ihrem lieben Neufundländer darin häus=
lich einzurichten, und sie fand sich mit heiterem Muth in
diese Lebensweise.

Die beiden jungen Eheleute übten unumschränkte
Herrschaft über eine gewählte treuergebene Mannschaft
aus, deren Lieutenant Leonard Cabillot war. Wenn sie
dieser ein wenig nomadenhaften Existenz überdrüssig wa=
ren, ruhten sie einige Tage in Tréport aus, wo Mutter
Guignet das kurze Zeit von Listrac bewohnte »gute« Zim=
mer für sie stets in Bereitschaft hielt.

Diese Besuche, die übrigens gar nicht häufig stattfan=
den, waren für die Witwe allemal ein Anlaß zu unaus=
sprechlicher Freude und stolzem Triumph.

Welch' ein Hochgenuß für sie, wenn sie des Sonn=
tags mit ihrem lieben Louis ausgehen konnte, der dann
seinen neuen Rock und auf der Brust die goldene Medaille
trug, welche die Regierung ihm für die Rettung des „Saint=
Charles" verliehen.

Was Maillard betraf, so war er bei der Douane von
Duplessis geblieben, nicht mehr aber als Unterbrigadier
wie früher, sondern mit dem Grad eines Oberbrigadiers an

er Stelle Martin's, der auf einen andern Punkt der Küste
ersetzt worden.

Maillard würde ganz gewiß in Folge der mächtigen
Zinflüsse, die zu seinen Gunsten thätig waren, mit leich=
er Mühe einen höhern Posten erlangt haben, aber er liebte
iefe imposante melancholische Landschaft, er liebte diese
Zinsamkeit, welche einem verwundeten Gemüth so gut zu=
agte; er liebte diesen majestätischen Horizont.

Uebrigens lebte er ja in Duplessis bei Frau Rupert,
einer geliebten Schwester; er war hier in der Nähe von
Tréport, wohin Jeanne und Neufundländer von Zeit zu
Zeit zurückkehrten. Was hätte er außerhalb dieses fried=
ichen Winkels suchen sollen, wo alle seine stillen Freuden
nd seine bescheidenen Neigungen ihren Mittelpunkt hatten?

Eines Sommerabends, bei herrlichem Wetter, hatte
aber Maillard in dem kleinen Hause seiner Schwester im
Dorfe Duplessis so eben sein Abendessen beendet. Die
Mahlzeit war ziemlich still vorübergegangen und Frau
Rupert, die an das schweigsame Wesen Maillard's ge=
wöhnt war, hatte sich darüber weiter nicht verwundert.
Als sie ihn indessen seinen Säbel nehmen und sich zum
Ausgehen anschicken sah, sagte sie schüchtern zu ihm:

»Wie, lieber Bruder, willst Du heute Abend noch
ine Runde machen, anstatt ruhig schlafen zu gehen, wie
ein Vorgänger, der Brigadier Martin, zu thun pflegte?
Du wirst Dir durch dieses verwünschte Handwerk noch den
Tod holen.«

»Ach, was da,« sagte Maillard lächelnd, »ein kleiner
Spaziergang an der Küste wird für mich einen desto besse=
en Schlaf zur Folge haben.«

»Welches Vergnügen kannst Du aber nur daran fin
den, so allein in der Nacht umherzuschweifen und dabei
Gefahr zu laufen, von den Strandklippen hinunterzustür
zen, wie Du schon einmal hinuntergestürzt bist? Nimm
Dich in Acht. Diesmal ist das Meer weit von dem Felsen
und Gott könnte es müde sein, Wunder zu thun. Uebri
gens steht keine Schmuggelei mehr zu fürchten, seitdem
man die grüne Stiege, die für die armen Leute der Um
gegend so nützlich war, zerstört hat.«

»Was willst Du, liebe Schwester? Es ist nicht meine
Schuld. Es sind höhere Befehle eingetroffen und die In=
genieure haben die Mine müssen springen lassen. Die Auf=
sicht ist nun leichter, das gebe ich zu, aber man hat die
Möglichkeit verloren, den unglücklichen Schiffbrüchigen zu
Hilfe zu kommen. Doch, wir können nichts dafür. — Aber
höre, Margarethe,« fuhr er in vertraulichem Tone fort,
»ich habe eine andere Idee, indem ich noch so spät an der
Küste spazieren gehen will.«

»Ich errathe es, Maillard — wäre es wirklich
möglich —«

»Ja wohl, liebe Schwester. Louis und unsere liebe
Jeanne müssen jetzt auf dem Rückwege von Havre sein,
wo sie eine Ladung Getreide verkaufen wollten. Es wäre
deshalb leicht möglich, daß sie mit dieser Flut in Tréport
einliefen, und in diesem Falle würden sie nicht verfehlen,
bei der Vorüberfahrt vor Duplessis mit Lichtern einige
Signale zu geben, um uns, wie sie ja allemal zu thun pfle=
gen, ihre Ankunft zu verkünden.«

»Ich verstehe Dich; nun so geh, Maillard,« rief Frau
Rupert hocherfreut; »die lieben Kinder, wenn sie diese

Nacht kämen! Also geh, und wenn Du ihre Lichtsignale siehst, so komm rasch zurück, um mich in Kenntniß zu setzen; ich werde auf Dich warten.«

Die Nacht war, wie wir schon bemerkt haben, herrlich.

Am Himmel funkelten die Sterne und der Seewind verbreitete am Lande eine erfrischende Kühle. Die dünne Silbersichel des Mondes warf lange schimmernde Lichtstreifen über das Meer. Draußen in der Ferne verriethen einige dunkle bewegliche Punkte vorüberfahrende Schiffe, denn bei dieser hellen Nacht, wo Zusammenstöße unmöglich zu sein schienen, unterließen die Seefahrer, ihre Lichter anzuzünden.

Schaaren von Zugvögeln ließen von Zeit zu Zeit ihr wildes Gekreisch hören, übrigens aber war Alles ruhig — am Himmel, auf der Erde und auf dem Wasser.

Der Ocean schien zu schlafen, keine unruhige Woge trübte die glatte Fläche und sein Brausen war nur ein schwaches, klagendes Murmeln. Nichts weiter als ein leichter Schaum bezeichnete die Umrisse des Gestades und stach durch seine Weiße von dem durch die hohen Strandklippen geworfenen schwarzen Schatten ab.

Maillard folgte dem gefährlichen Fußsteig, welcher sich längs des Kammes der Felsen hinzog, und als er auf die Höhe gekommen war, machte er Halt, um das Meer mit Aufmerksamkeit zu betrachten. Ohne Zweifel aber gewahrte er nicht, was er suchte, denn es dauerte nicht lange, so setzte er mechanisch seinen Weg weiter fort und versank in jenes stille Hinbrüten, welches ihm einmal eigen war.

Er war nicht mehr weit von der grünen Stiege, wo immer noch eine Küstenwächterhütte stand, als er plötzlich mitten in dem Schweigen und der Unbeweglichkeit, welche auf dem Plateau herrschte, eine menschliche Gestalt auf sich zukommen sah.

Er blieb abermals stehen, mehr aus einer Anwand= lung von Neugier als vor Furcht, denn ein einziger Mann, wie stark er auch sein mochte, konnte ihm keine Furcht ein= flößen und er faßte den nächtlichen Wanderer fest ins Auge.

Dieser schien vom Binnenlande herzukommen. Er ging mit unentschlossenem Schritt, indem er sich umsah, als ob er die Oertlichkeit studiren wollte, oder als ob er fürchtete, verfolgt zu werden. Die Gegenwart Maillard's schien ihm jedoch keine Besorgniß einzuflößen und er fuhr fort, sich zu nähern.

Es dauerte nicht lange, so erkannte der Brigadier einen Mann in Seemannskleidung, dessen Oberkörper in eine grobe Jacke von englischem Stoff und Schnitt gehüllt war, deren aufgeschlagener Kragen einen Theil des Ge= sichtes verbarg.

Uebrigens schien dieser Mann weder mit Waffen noch mit anderen dergleichen Dingen versehen zu sein und die Schwere seines Ganges verrieth, daß er weder jung noch flink war.

Maillard glaubte, wie schon gesagt, von dieser Be= gegnung nichts zu fürchten zu haben, sein Beruf aber ver= bot ihm, einen Unbekannten sich ihm nähern zu lassen, zumal an diesem einsamen Orte; deshalb rief er, die Hand an den Griff seines Säbels legend:

»Wer da!«

Diese drohende Demonstration schien auf den nächt= lichen Wanderer keinen sonderlichen Eindruck zu machen.

Dennoch fing er an noch langsamer zu gehen und antwor=
tete in rauhem Tone:

„Nun, darf man denn nicht die frische Luft genießen,.
Herr Zollwächter? Ihr habt hier keine Schmuggelei
mehr zu fürchten — der Schmuggelhandel und die
Schmuggler sind zu allen Teufeln.“

Dies ward im Tone des Zornes und zugleich des
Aergers gesagt; Maillard aber schien, mochte es nun aus
Zerstreuung oder aus Gleichgiltigkeit geschehen, keine
Notiz davon zu nehmen.

„Ihr habt eine ziemlich seltsame Stunde gewählt,.
um die frische Luft zu genießen, Freund,“ sagte er einfach.
„In der That aber hat Niemand ein Recht, sich eurem Be=
lieben zu widersetzen, sobald Ihr nichts Gesetzwidriges vor=
habt — gute Nacht denn!“

Er grüßte mit der Hand und machte sich wieder auf
den Weg.

Der Unbekannte beobachtete ihn mit Interesse.

„Wirklich,“ sagte er endlich wie zu sich selbst, „es ist
der lange Maillard.“

Und er ging neben dem Brigadier her, als ob er das
begonnene Gespräch fortzusetzen wünschte.

„Ihr kennt mich wohl, Freund?“ fragte Maillard,
indem er die Züge seines Begleiters zu erspähen suchte.
Ihr seid ohne Zweifel von Tréport.“

„Ja, ja, ich bin von Tréport, aber ich habe soeben
eine lange Reise gemacht und bin erst seit einigen Stunden
wieder zurück. Es sind während meiner Abwesenheit man=
cherlei Dinge vorgegangen. Erstens seid Ihr, Herr Mail=
lard, Brigadier und Chef des Postens von Dupleſſis gewor=

den. Zum Teufel, ich habe mir sagen lassen, daß Ihr einen etwas seltsamen Weg eingeschlagen hättet, um dazu zu gelangen.«

Gleichzeitig deutete der Unbekannte, ob nur aus Zufall oder aus Schadenfreude, mit der Hand auf den nahen Abgrund, auf dessen Boden das Meer grollte.

»Ich sehe,« sagte Maillard ruhig, »daß man Euch etwas von meinen Angelegenheiten erzählt hat, aber man schwatzt viel und nur wenige, sehr wenige Leute wissen die Wahrheit. Was frage ich auch übrigens darnach? Ich besitze die Achtung und Liebe der rechtschaffenen Leute und das genügt mir.«

Sie gingen einige Schritte schweigend weiter.

»Also,« hob endlich der Unbekannte wieder an, »Ihr seid mit eurem Schicksale zufrieden?«

»Zufrieden! Wer in dieser Welt kann mit seinem Schicksale wirklich zufrieden sein?« entgegnete Maillard in schwermüthigem Ton. »Wenn Ihr indessen sagen wollt, daß ich meine Bürde mit Muth und Ergebung trage, daß keine Erinnerung an eine schlechte That meinen Schlaf stört, daß ich Freunde habe, welche mir eben so ergeben sind, wie ich ihnen, daß mein Leben ruhig und sanft dahinfließt — ja dann bin ich zufrieden, der zufriedenste aller Menschen.«

Der Unbekannte schien diese Betrachtungen, die ohne Zweifel für ihn zu hoch gegeben waren, nicht recht zu begreifen.

»Aber dennoch seid Ihr arm wie Hiob!« sagte er in ironischem Tone.

»Wenn man einfache Neigungen und mäßige Bedürf-

nisse hat, ist man immer reich. Ich habe selten Gelegen=
heit, mit reichen Leuten zu verkehren, aber ich bin über=
zeugt, daß sie in ihren schönen Häusern oft Grund hätten,
die reinen Freuden und die Seelenruhe eines armen
Küstenwächters wie ich zu beneiden. Deshalb mißgönne ich
ihnen auch nichts. Glaubt Ihr übrigens wohl, daß ein
Reicher hinter seinen seidenen Vorhängen sich jemals des
Anblicks einer prachtvollen Nacht, wie diese da, erfreue?«

Und er streckte mit dem Ausdruck naiver Bewunde=
rung die Hand nach dem Horizonte aus.

Der Unbekannte warf ebenfalls einen raschen Blick
über das Meer.

»Ja, ja,« entgegnete er zerstreut, »die Witterung ist
nicht übel, aber der Wind ist schlaff und die Fischer wür=
den weit mehr Fische fangen, wenn er ein wenig frischer
wäre. Doch um wieder auf unser Gespräch zurückzukom=
men,« fuhr er in seinem ironischen Tone fort; »wie es
scheint, hat euer Neffe Neufundländer — denn jetzt ist er
euer Neffe — den Wind und die Flut ebenfalls sehr gut
zu benutzen verstanden. Ich habe mir sagen lassen, daß er
auf seinem Schiff stolz einherschreitet wie ein Admiral und
daß er viel Geld verdient.«

»O was diesen betrifft,« sagte der Brigadier, dessen
Augen einen lebhaften Ausdruck annahmen, »so ist er glück=
lich, sehr glücklich — wenigstens für den Augenblick, denn
Gott bedarf noch weniger Zeit, um die Freude eines Menschen
zu trüben, als um Wolken an einem reinen Himmel heraufzu=
führen. — Aber,« setzte er sofort im Tone der Freude hinzu,
während er seinen Blick nach dem Meere wendete, »wie
es scheint, ist die Vorsehung noch nicht müde, ihn zu be=

schützen. Sehet da unten — das ist er! — er ist es wirklich! — ein, zwei, drei Lichter in gerader Linie neben einander — diese Signale zeigen an, daß Jeanne und Louis
sich wohlbefinden und nach einer einträglichen Fahrt in
den Hafen zurückkehren.«

Gleichzeitig zeigte er auf ein Schiff von schlanken,
graziösen Formen, welches unter vollen Segeln weit
draußen auf Tréport zusteuerte.

Man erkannte es leicht mitten unter den anderen auf
dem Meeresspiegel herumgestreuten Fahrzeugen, und zwar
an den drei hellen Lichtern, in welchen Maillard ein Zeichen
der Freude und des Gedeihens erkannte.

„Das ist also Neufundländer's Schiff?« hob der
Unbekannte in dumpfem Tone wieder an. »Ihr hättet den
Burschen wenigstens fragen sollen, wo er die Signale so
gut gelernt hat.«

Maillard nahm keine Notiz von dieser Bemerkung,
der ohne Zweifel eine boshafte Absicht zu Grunde lag.

»Ja, ja, es ist das Schiff meines lieben Louis!«
sagte er mit seiner ruhigen Heiterkeit. »Die armen Kinder,
ohne Zweifel stehen sie auf dem Deck, um diesen Felsen
anzusehen und an uns zu denken! Morgen werden wir sie
umarmen. Mittlerweile werde ich ihre Mutter überglück-
lich machen, indem ich ihre Rückkehr melde.«

Plötzlich machte der Unbekannte eine Geberde der
Wuth und rief mit einer Stimme, welche dem Gebrüll
eines wilden Thieres glich:

»Hundert Millionen Teufel, also gibt es Niemanden
weiter, der arm und elend wäre, als mich!«

Der Brigadier stutzte und richtete sich rasch in die Höhe.

»Wer seid Ihr?« fragte er. »Ich glaube Euch zu kennen — es scheint mir — Patron Cabillot, seid Ihr es wirklich?«

»Ja, ich bin es,« entgegnete Cabillot, ohne sich weiter Zwang anzuthun und indem er sein häßliches Gesicht sehen ließ. »Warum sollte ich mich verstecken? Ich bin es und Ihr wißt wohl, daß es nicht meine Schuld ist, wenn Ihr mir abermals in den Weg kommt.«

Maillard gab mehr Widerwillen als Furcht zu erkennen, als er den Anführer der Schmuggler wiedersah.

»Unglücklicher!« rief er; »waget Ihr in diese Gegend zurückzukehren, wo Ihr ein abscheuliches Verbrechen begangen habt —«

»Ach was da, Vater Maillard,« sagte Cabillot in seinem wild ironischen Tone, »weiß ich vielleicht nicht, daß Ihr und dieser einfältige Neufundländer die Güte gehabt habt, mich nicht zu denunciren? Würde ich mich wohl in diese Gegend gewagt haben, wenn ich nicht die Gewißheit gehabt hätte, daß ich mich mit vollkommener Sicherheit hier zeigen darf? Ich habe mich sehr genau erkundigt, das glaubt mir!«

»Ihr könntet Euch in eurer Berechnung aber doch getäuscht haben, alter Bösewicht, und wenn Ihr vielleicht hierherkommt, um eine neue Schändlichkeit auszuführen, so —«

»Na, na, nur keine Beleidigungen und erzürnen wir uns nicht! Wenn ich unrecht an Euch gehandelt habe, so bin ich auch dafür gestraft worden. Während Euch und Anderen Alles glücklich ausschlug, hatten sich die tausend Teufel der Hölle an meine Fersen geheftet, um alle meine Unternehmungen fehlschlagen zu laſſen. Ihr wißt, wie ich mit meinem Boot und meinen Jungens von Tréport entkam. Ich ließ den elenden Buben, den Leonard, zurück, aber ich machte mir darüber weiter keinen Kummer, denn ich hatte ihn niemals ſo dreſſiren können wie die anderen und er würde uns früher oder ſpäter verrathen haben. Wohl aber nahm ich meine Thaler mit, was viel beſſer war, und konnte damit ein einträgliches Geſchäft anfangen. Wir be= gaben uns nach England, wo ich, wie Ihr Euch leicht den= ken könnt, viele Bekannte hatte. Hier vertauſchte ich mein Boot gegen einen Kauffahrer, den ich für meine Rechnung befrachtete. Gleich auf der erſten Reiſe aber fingen meine Kinder eine Meuterei gegen mich an. Einmal während eines gewaltigen Sturmes ertheilte ich Jean, meinem älte= ſten Sohne, einen Befehl. Jean war betrunken, er wei= gerte ſich, zu gehorchen. Ich ſchlug ihn, er wehrte ſich und die Anderen kamen ihm zu Hilfe. Es fand ein hartnäckiger Kampf ſtatt — während dieſes Kampfes verließ der Steuermann das Ruder, das Schiff ſtellte ſich einer Welle quer in den Weg und ward in einem Augenblicke zerſchellt — alle fanden ihren Tod im Waſſer.«

»Welch’ ein ſchrecklicher Auftritt!« ſagte Maillard mit Entſetzen. »Dieſe Kinder, welche ſich gegen ihren Vater empören — dieſer Schiffbruch — es war eine Züchtigung Gottes! Und Ihr ſaget, es ſei Niemand ent= ronnen?«

»Niemand und ich war vollſtändig ruinirt. Was mich betraf, ſo hatte ich das Glück, mich mittelſt einer Planke auf dem Waſſer zu halten und ward zwei oder drei Stunden ſpäter von einem Wallfiſchfänger aufgenom=

men, der mich nach England zurückbrachte. Aber was
konnte ich beginnen? Ich hatte keine Kinder, keine Ladung, kein Schiff, nichts mehr. Einige Monate fristete ich
mich elend hin, denn nach Frankreich wagte ich nicht zurückzukehren. Kürzlich aber theilte ein Fischer von Tréport, den das stürmische Wetter genöthigt hatte, nach
Jersey zu flüchten, wo ich mich befand, mir mit, daß hier
nichts Ernsthaftes gegen mich vorläge, daß man mich höchstens als einen Schmuggler betrachte und daß ich mich
keiner großen Gefahr aussetzte, wenn ich hierher zurück-
kehrte. Natürlich hatte ich nichts Besseres zu thun und
nahm sogleich einen Platz auf dem Packetboot von Dieppe,
um mich persönlich zu überzeugen, wo hier der Wind
eigentlich herkommt.«

»Man hat Euch getäuscht, Cabillot,« sagte Maillard,
»und Ihr seid hier in Gefahr. Allerdings ist noch kein
Criminalproceß gegen Euch begonnen, aber die Behörde
ist deswegen nicht weniger von eurem Attentat auf meine
Person unterrichtet. Neufundländer und ich wir haben
vor den Beamten Alles aussagen müssen. Da Ihr jedoch
abwesend waret und allem Anscheine nach zu vermuthen
stand, daß Ihr nebst euren Mitschuldigen niemals wieder
einen Fuß auf französischen Boden setzen würdet, so hat
man in Folge der Vermittlung mächtiger Gönner die
Sache ruhen lassen. Gegen Euch würde man kein Mitleid
gezeigt haben, wohl aber fühlte man Nachsicht für euren
Sohn Leonard, der auf guten Weg zurückgekehrt ist, und
vielleicht auch für jene anderen unglücklichen jungen Leute,
welche durch euer Machtgebot und euer Beispiel mit hin-
gerissen worden waren. Wenn man Euch jedoch in hiesiger

Gegend ausfindig macht, so wird die Gerechtigkeit noth=
wendig ihren Verlauf haben. Ihr werdet verhaftet, ver=
hört und Die, welche wissen, wie Alles zugegangen ist,
werden sich genöthigt sehen, es zu sagen.«

Cabillot stieß eine furchtbare Lästerung aus.

»Davon hatte man mir nichts gesagt,« hob er mit
dem Fuße stampfend wieder an.

»Hat Euch Jemand in Tréport gesehen?«

»Ich kam bei Einbruch der Nacht an und bin nicht
vielen meiner Bekannten begegnet. Ich ging zuerst nach
meinem Hause in der Unterstadt und glaubte dort Suzetten
und Leonard zu finden, das Haus war aber verschlossen.
Unsere Nachbarin, die alte Bouchotte, sagte mir, Suzette
sei von der Witwe Guignet aufgenommen worden, wäh=
rend Leonard mit Neufundländer zur See gegangen sei.
Was den Schlüssel zum Hause betraf, so war derselbe auf
der Mairie deponirt und ich hütete mich wohl, ihn ohne
Vorsicht zu reclamiren. Dann begab ich mich zu Couturier,
meinem alten Geschäftsfreund, mit welchem ich noch Rech=
nungen auszugleichen hatte. Couturier empfing mich an=
fangs freundlich, als ich aber von dem Gelde sprach,
welches er mir schuldig ist, ward er ganz roth vor Wuth
und wir trennten uns, indem wir einander allerhand Be=
leidigungen und Drohungen anhingen. Nun kam ich, da
ich nicht wußte, wohin ich gehen sollte, auf den Einfall,
ein wenig an der Küste herumzuschlendern und hier begeg=
nete ich zufällig Euch.«

Während dieses Gesprächs waren die beiden nächtli=
chen Wanderer an der grünen Stiege angelangt. Obschon
die Treppe, welche früher bis an den Fuß des Felsens

hinabführte, zerstört war, so existirte doch noch das obere
Ende des gefährlichen Pfades. Die Felsenwand hatte noch
ihren frischen Rasen und man konnte sie noch für gangbar
halten.

Von diesem Punkte beherrschte man, wie wir wissen,
die angebaute Hochebene, welche sich bis an das Dorf Duplessis erstreckte und in dem milden Scheine des Mondes
erkannte man mit leichter Mühe die geringsten Uneben-
heiten des Bodens von weitem.

Als Maillard stehen blieb, glaubte er auf verschiedenen Punkten dieser weiten Ebene menschliche Wesen zu
sehen, die sich bewegten. Er glaubte sogar ein schwaches
Geräusch von Tritten zu hören, sobald der Wind aufhörte
zu wehen.

»Wißt Ihr auch gewiß, daß Euer Freund Couturier
Euch nicht denuncirt hat?« fragte er Cabillot, »und daß
man Euch nicht bis hieher nachgefolgt ist?«

»Nein — ich hoffe nicht,« stammelte der alte
Schmuggler.

»Und dennoch sehe ich hier einen Mann auf dem
Fußsteige — dort auch einen zweiten auf der entgegengesetzten Seite. Allerdings können es die beiden Küstenwächter sein, die sich hier wie gewöhnlich an der Wacht-
hütte treffen wollen, aber es ist, als wenn es dort unten
auf den Feldern noch mehr Leute gäbe. Sehet, Cabillot,
ich meine es gut mit Euch. Wenn Ihr Jemanden anders
als mir nach dem Leben getrachtet hättet, so stünde meine
Pflicht mir mit Bestimmtheit vorgeschrieben. Ich würde
Euch beim Kragen nehmen, und würde meine Leute herbei-
rufen und Euch dann der Gerichtsbehörde überliefern; so

aber habe ich das Recht, mich nachsichtig gegen Euch zu
zeigen. Deshalb fordere ich Euch auf, so schnell als mög=
lich die Flucht zu ergreifen und wieder Tréport zu gewin=
nen zu suchen. Es ist jetzt die Stunde, wo die Fischerboote
in See stechen. Wendet Euch an eure ehemaligen Came=
raden, die Fischer, und bittet sie, Euch am Bord eines
ihrer Fahrzeuge versteckt zu halten, bis Ihr das Weite ge=
wonnen habt. Dann wird es Euch leicht werden, ein frem=
des Schiff zu finden, welches Euch aufnehmen wird. Be=
mühet Euch künftig, als rechtschaffener Mann zu leben,
und ganz besonders hütet Euch, jemals Euch wieder hier
sehen zu lassen — aber entscheidet Euch rasch — Ihr sehet,
daß keine Zeit zu verlieren ist!«

Die beiden Männer, welche Maillard für Küsten=
wächter gehalten, hatten sich um Vieles genähert und noch
andere Individuen zeigten sich jetzt deutlich landeinwärts.

»Der Rath ist nicht schlecht,« sagte Cabillot, indem
er einen raschen Blick um sich warf; »ohne Zweifel bin ich
von Couturier verrathen worden — ich bin umzingelt.«

»Beeilt Euch, beeilt Euch!« hob der gute Maillard
wieder an, »sie kommen — binnen wenigen Augenblicken
wird es zu spät sein.«

Die Gefahr war für Cabillot in der That jetzt sicher
und unvermeidlich. Die beiden Küstenwächter, welche von
entgegengesetzter Seite auf dem Fußsteige daher kamen,
liefen so schnell sie konnten. Auf den andern Punkten er=
schienen drei oder vier Personen, die es nicht weniger eilig zu
haben schienen, und in Folge der mondhellen Nacht konnte
man schon erkennen, daß diese letzteren die Uniform der
Gendarmen trugen.

Augenscheinlich war Cabillot auf dem Wege nach der Küste erspäht worden. Gendarmen und Küstenwächter hatten sich mit einander besprochen, um ihm den Weg abzuschneiden. Man hatte ihn in einen Ring eingeschlossen, der sich allmälig immer enger zusammenzog und dessen Mittelpunkt die grüne Stiege war. Cabillot beurtheilte seine Lage ganz richtig.

»Hm!« sagte er, »es wird mir Mühe kosten, mich den Klauen dieser Schufte zu entreißen. Dieser niederträchtige Couturier! Doch gleichviel, Vater Maillard,« setzte er mit einer gewissen Rührung hinzu, »Ihr seid ein braver Mann, und wenn das, was ich gethan habe, ungeschehen gemacht werden könnte —«

»Rettet Euch — so rettet Euch doch!«

Einer der Küstenwächter war jetzt ganz nahe, und als er seinen Vorgesetzten dicht neben dem ehemaligen Schmuggler stehen sah, rief er ihm in erschrockenem Tone zu:

»Nehmt Euch in Acht, Brigadier! Das ist dieser niederträchtige Schuft von Cabillot!«

Die anderen Küstenwächter und die Gendarmen, welche ihres Fanges nun sicher zu sein glaubten, erhoben nun ihrerseits die Stimme. Cabillot drehte sich verzweifelt mehrmals um sich selbst herum, aber nach welcher Seite hin er auch durchzubrechen gedachte, so versperrte ein rüstiger, entschlossener Gegner ihm den Weg.

»Hierher!« sagte Maillard leise, aber nachdrücklich zu ihm, indem er ihm ein Getreidefeld zeigte, dessen hohe Halme ein sicheres Asyl darboten.

»O, ich weiß etwas Besseres,« entgegnete der Pa-

tron keuchend. »Ich wette, daß diese Dummköpfe vergessen haben, den Strand zu bewachen.«

Und ehe noch der Brigadier sein Vorhaben errathen
konnte, rannte Cabillot nach der grünen Stiege.

Wie wir vorhin sagten, hörte die Treppe wenige
Klafter unterhalb des Gipfels der Klippe plötzlich auf und
endete in einem furchtbaren Abgrund. Von diesem Um-
stande war aber Cabillot nicht unterrichtet.

Maillard stand anfangs wie betäubt da, als er aber
den Schmuggler sich auf diesen treulosen Abhang wagen sah,
rief er mit seiner ganzen Kraft:

»Unglücklicher, was thut Ihr? Haltet ein — steigt
schnell wieder herauf — die Treppe ist zerstört — Ihr
seid verloren!«

Ohne Zweifel verstand Cabillot in seiner Hast und
Unruhe ihn nicht, oder vielleicht auch übertäubte das Rufen der Kommenden Maillard's Stimme.

Wie dem auch sein möchte, so hallte plötzlich ein
furchtbarer Schrei in dem Schatten der Strandklippen.
Einen Augenblick später dröhnte ein schwaches Geräusch
vom Boden des Abgrundes, wie der Fall eines Körpers
auf das jetzt trockene Geröll des Strandes herauf.

Die Obenstehenden neigten sich über den Rand des
Abgrundes und lauschten. Alles blieb düster und stumm.
Man hörte jetzt weiter nichts mehr, als das Murmeln des
Meeres.

»Zeigt sich nicht auch hier der Finger Gottes?« sagte
Maillard in feierlichem Tone. »Dieser Mann ist von demselben Felsen hinabgestürzt, von welchem er mich hinab-